統制が始まる
急いで金《きん》を買いなさい
GOLD

副島隆彦

祥伝社

急落（下落）するたびに、
金《きん》を買い増そう。
何があっても金《きん》を買うべきだ。
金《きん》はあなたを
絶対に裏切らない、騙さない。

副島隆彦が買って持っている金《きん》

（原寸大）

これが1キログラムの**金《きん》地《じ》金《がね》の現物**だ。写真のように金地金の表面には、商標（ブランド・マーク）や、純金であることの証明（999.9。フォーナインと言う）が刻印されている。

この金は、ＪＸ《ジエイエックス》ホールディングス（日産系の新日鉱と三菱系の新日本石油が経営統合した）のグループ企業である、韓国のＬＳ－ニッコー・カッパーのブランドのものだ。私はこの板をずっと長く保有している。

の現《げん》物《ぶつ》に殺到している

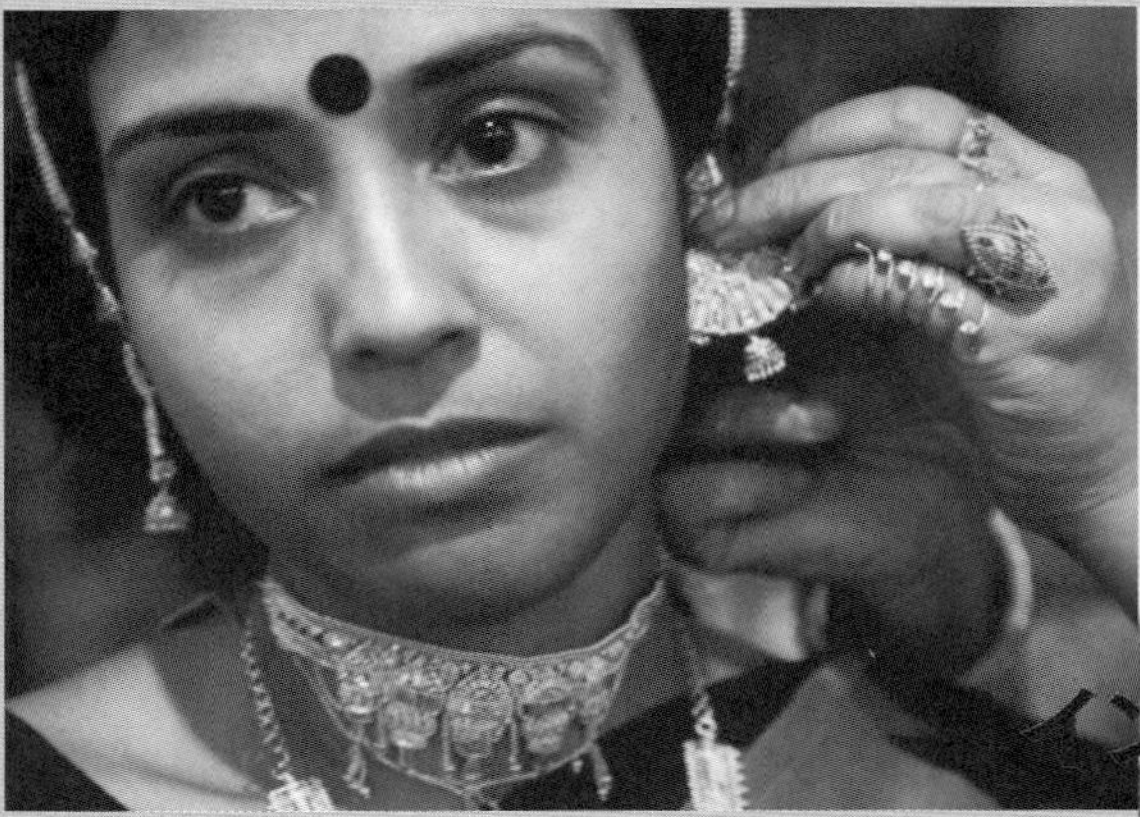

5月、6月はインドの結婚シーズンだ。インドの花嫁たちは写真のように金（貴金属）で着飾る。インド人たちの金の購買意欲は旺盛だ。

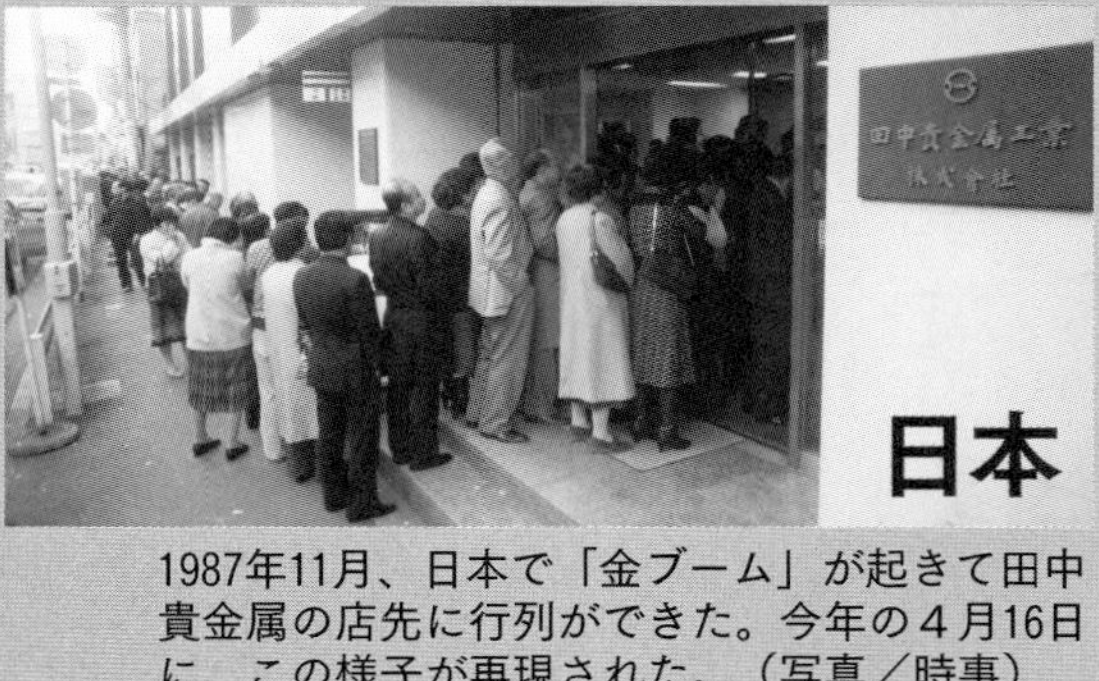

1987年11月、日本で「金ブーム」が起きて田中貴金属の店先に行列ができた。今年の４月16日に、この様子が再現された。（写真／時事）

中南米屈指の産金国であるブラジルでは、新たな金鉱山の採掘が進んでいる。

（写真／gettyimages）

金《きん》は現物《げんぶつ》（実物《じつぶつ》）で持つ者が勝つ。いくらアメリカ政府が米ドルの暴落（信用の大下落）を防ぐために、なりふり構わず金の大暴落を仕掛けても、BRICS（ブリックス。中国、ロシア、インド、ブラジル、南アフリカの新興５大国）と日本の小金持ち層が、どんどん金を現物で買って買って、買い向かう。この正面激突の闘いで、彼らBRICS諸国（と、日本の小金持ちのお年寄りたち）がどうせ勝つ。金の急落には策略がある。だからあなたも金を買うべきだ。

世界中が金《きん》

中国

上海の金ショップで今年の４月26日に撮影。金の値下がりで、どのお店も大混雑した。中国本土の金ショップは、香港から金を緊急に輸入した。（写真／Imaginechina／PANA）

ロシアもどんどん金を買っている。写真はモスクワのロシア中央銀行で金塊（ゴールド・インゴット）の重さを味わうプーチン大統領。（写真／RIA Novosti／PANA）

ロシア

ムの地《じ》金《がね》でもいい

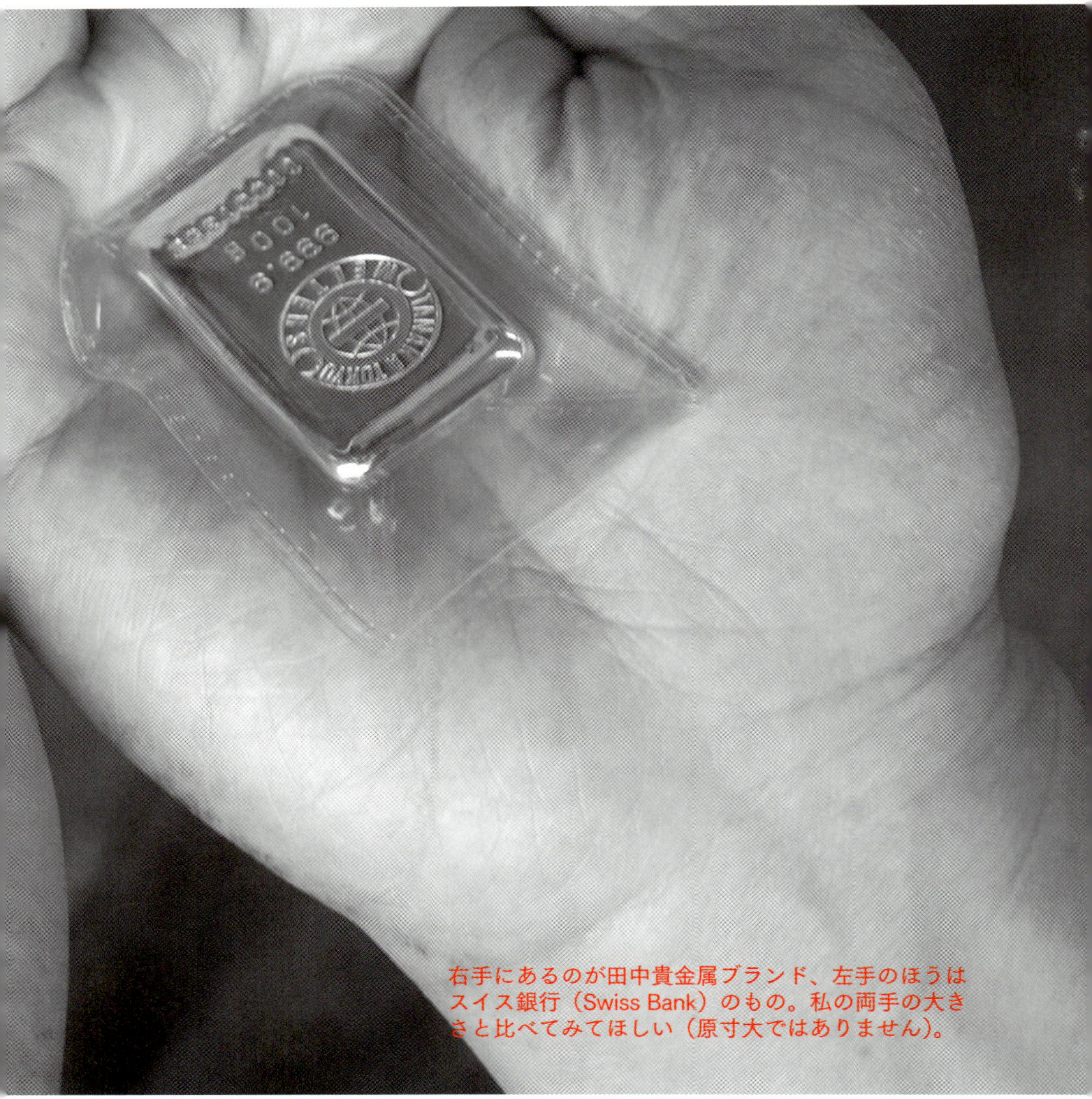

右手にあるのが田中貴金属ブランド、左手のほうはスイス銀行（Swiss Bank）のもの。私の両手の大きさと比べてみてほしい（原寸大ではありません）。

200万円以上の金を買おうとすると、免許証その他を見せろと言われる。まさしくＰ57以下で説明する金融統制である。国民に対して失礼だ。だから、それが嫌な人は、写真のような100グラムの金を少しずつ買い増してゆくのがいい。46万円なら本人確認されなくて済む。

金《きん》は、かわいい100グラ

日本の金ショップで売っている、100グラム（0.1キログラム）の金の地金である。国内価格で金１グラムが4,600円なら、100グラムの金は46万円だ。これに手数料と消費税と、スモール・バー・チャージという加工賃がかかる。

今は金を買うにも「本人確認」がされるようになった。

はじめに

今こそ金《きん》を買うべきだ。今すぐ、できるだけ早く、金の地金《じがね》を金ショップに行って買いなさい。あなたが自宅に仕舞《しま》っている**「タンス預金」を持ち出してでも、金《きん》の現物《げんぶつ》に換えましょう。**そうしないと、もうすぐ買えなくなるだろう。そして自分の金を身近に保有して、これから長ーく持ち続けてください。このあと5年、10年たったら、また気楽に金を売り買いできる時代が来る。金《きん》の値段をわざと急落させようという悪い策略もある。

もうすぐ恐ろしい本格的な金融統制《フィナンシャル・コントロール》がやって来る。いや、それはもうすでに始まっている。この4月1日（２０１３年）から、銀行での預金の引き出しと振り込みへの制限と規制が一層強化された。１００万円のお金《かね》（現金）を下ろそうとすると、銀行員が「何にお使いですか」と執《しつ》拗《よう》に尋ねてくるようになった。窓口で10万円以上の送金を申し込むと、相手先を確認する。それまでの「本人確認《ほんにんかくにん》」（窓口で免許証などを出させて本人であることを確認すること）に輪をかけて、「取引の目的」とか「職業」とか「お客様の資産状況」を、銀行が平然とお客から聞き出すようになった。銀行は政府の命令で、こんなおかしなことを始めている。これは異常事態である。世界はもう自由な市場経済 market《マーケット》 economy《エコノミー》 ではなくて、統制《とうせい》経済 controlled《コントロールド》 economy《エコノミー》 なのだ、と私たちは知るべきだ。このことはＰ58以下でさらに徹底的に説明する。

金《きん》1グラムあたりの国内先物《さきもの》価格 直近2年間

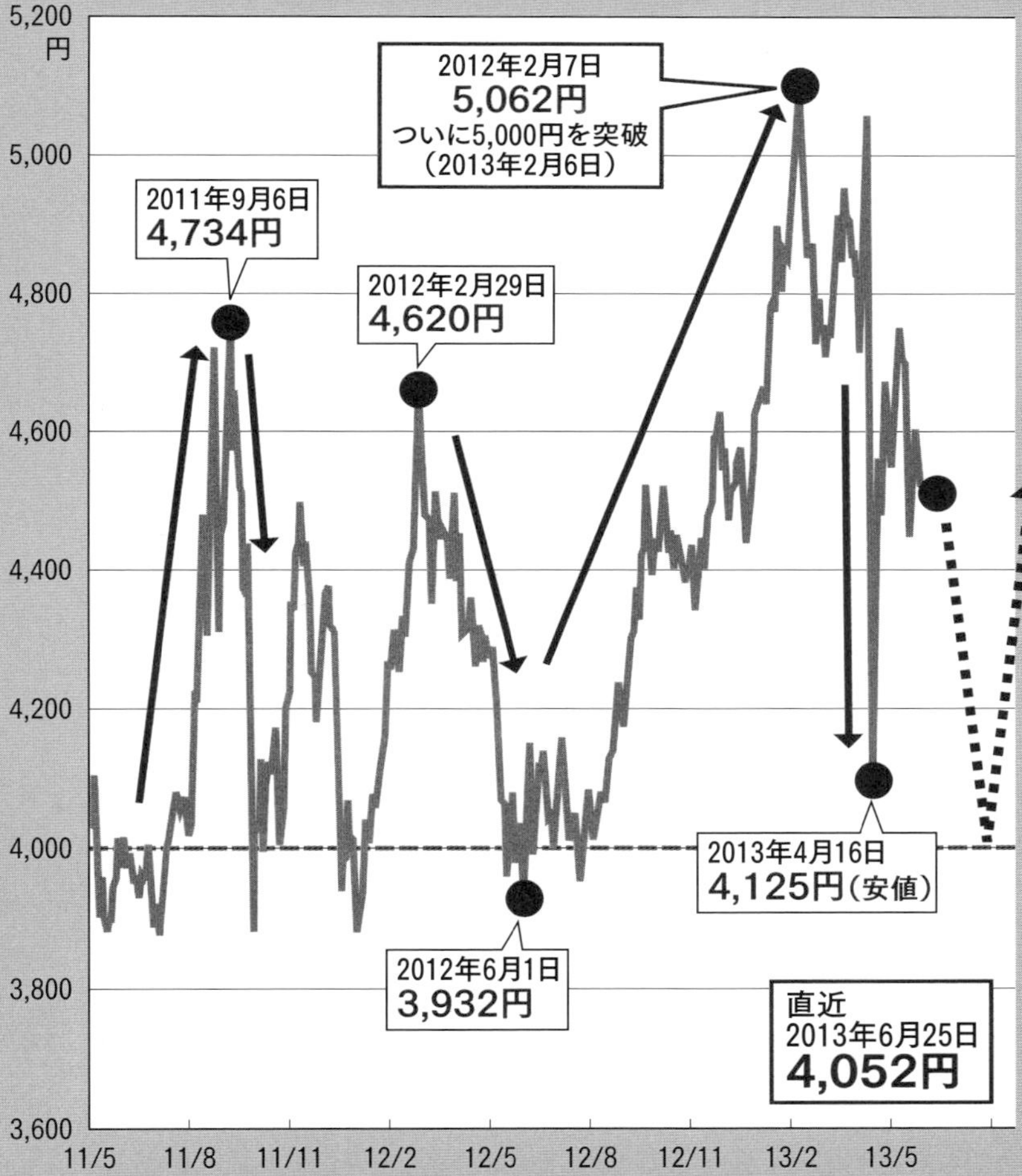

出所：東京商品取引所（TOCOM）の資料をもとに作成

恐ろしい金融統制が始まる

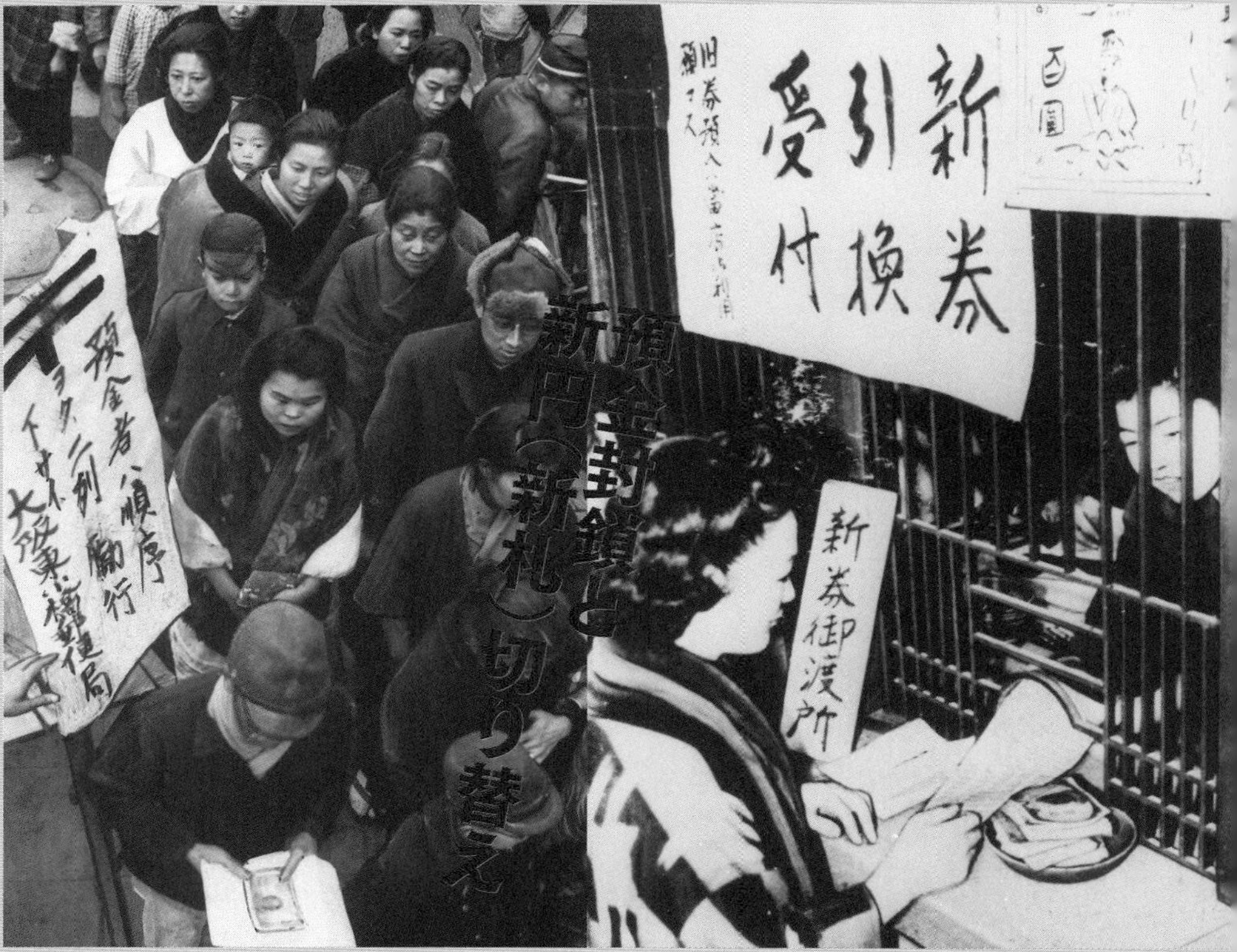

新円切り替えは預金封鎖とセットで行なわれた。旧札（手元のお金）を新札と交換するために長い行列ができた。（昭和21年／毎日新聞社）

終戦からちょうど半年後の昭和21年２月17日（日曜日）に、突然、預金封鎖が断行された（金融緊急措置令という法律の施行）。日本国民は一人あたり（世帯主）300円（今で言えば300万円）しか銀行預金を下ろせなくさせられた。同時に、手元にあるお札（紙幣）を新しいもの（新円。新札）と交換することが強制された。２月25日からの２週間以内に交換しなければ、古いお金は旧紙幣となって使いものにならなくなると決められた。

この預金封鎖と新円切り替えは、敗戦直後のすさまじいハイパー・インフレを食い止めようとして日本政府が決めた金融統制だ。今の私たちにも、米・欧・日そろっての通貨の無制限供給（ジャブジャブ・マネー）によるインフレの危機が迫りつつある。今から85年前の金融恐慌（昭和２年）と引き続いて起きた昭和恐慌（昭和５年）で取り付け騒ぎがたくさん起きた。歴史は繰り返す。私たちは迫り来る金融統制体制に身構えなければならない。

歴史は繰り返す。もうすぐ

預金を引き下ろそうと銀行に押し寄せた預金者たちの行列。（昭和２年／読売新聞社）

私がちょうど10年前に書いて、当時ベストセラーになった『預金封鎖』（２００３年、祥伝社刊）の時代が今、まさしく到来した。ついに銀行に預けてある私たち国民の預金（額）の引き出し規制と制限が行なわれるようになった。国民のすべてのお金の動きを国が監視する「マイナンバー制」（Ｐ58で説明）も始まる。あと数年で「新円《しんえん》（新札《しんさつ》）切り替え」もセットで私たちに襲いかかってくる。私たちがタンス預金のかたちで持っている現在のお札《さつ》（旧紙幣となる）は、問答無用で新紙幣（新札《しんさつ》）に交換しなければならない、と法律で強制される。これまでのお札は通貨《カレンシー》としての力（通用力《つうようりょく》）を失って、半年とかの猶予期間を越すと、ただの紙屑《かみくず》と化してしまう。

私たち国民に襲いかかってくるこの金融統制《きんゆうとうせい》の一環として、「金《きん》（貴金属《プレシャス・メタル》）の個人取引禁止」も実施されるだろう。アメリカ合衆国で、すでに3年前の２０１０年7月に、この金《きん》の個人取引禁止の法律が成立した。正式には「金融規制改革法」（Financial《フィナンシャル》 Regulatory《レギュレトリー》 Reform《リフォーム》 Act《アクト》）と言うが、別名は「ドッド＝フランク法」（Ｐ70を参照のこと）だ。同じことが日本にもジワジワと波及して上陸する。**私たち国民は、金《きん》を買えなくさせられる。**だから、今のうちにタンス預金で金《きん》を買っておくべきである。それが自分の大事な個人資産を守る賢い知恵というものだ。

今、金《きん》の国内値段は、1グラム４０５２円である（２０１３年6月25日現在）。再度の急落が起きている。少し前の4月16日に日本でも金の安値が出現した。4月10日からニューヨークで金《きん》が計画的に暴落させられたからだ。4月12日（金）にＮＹ《ニューヨーク》の先物《さきもの》市場で急に値下がりした（Ｐ42にチ

1オンスあたりの国際金価格
（約31グラム）
直近2年間

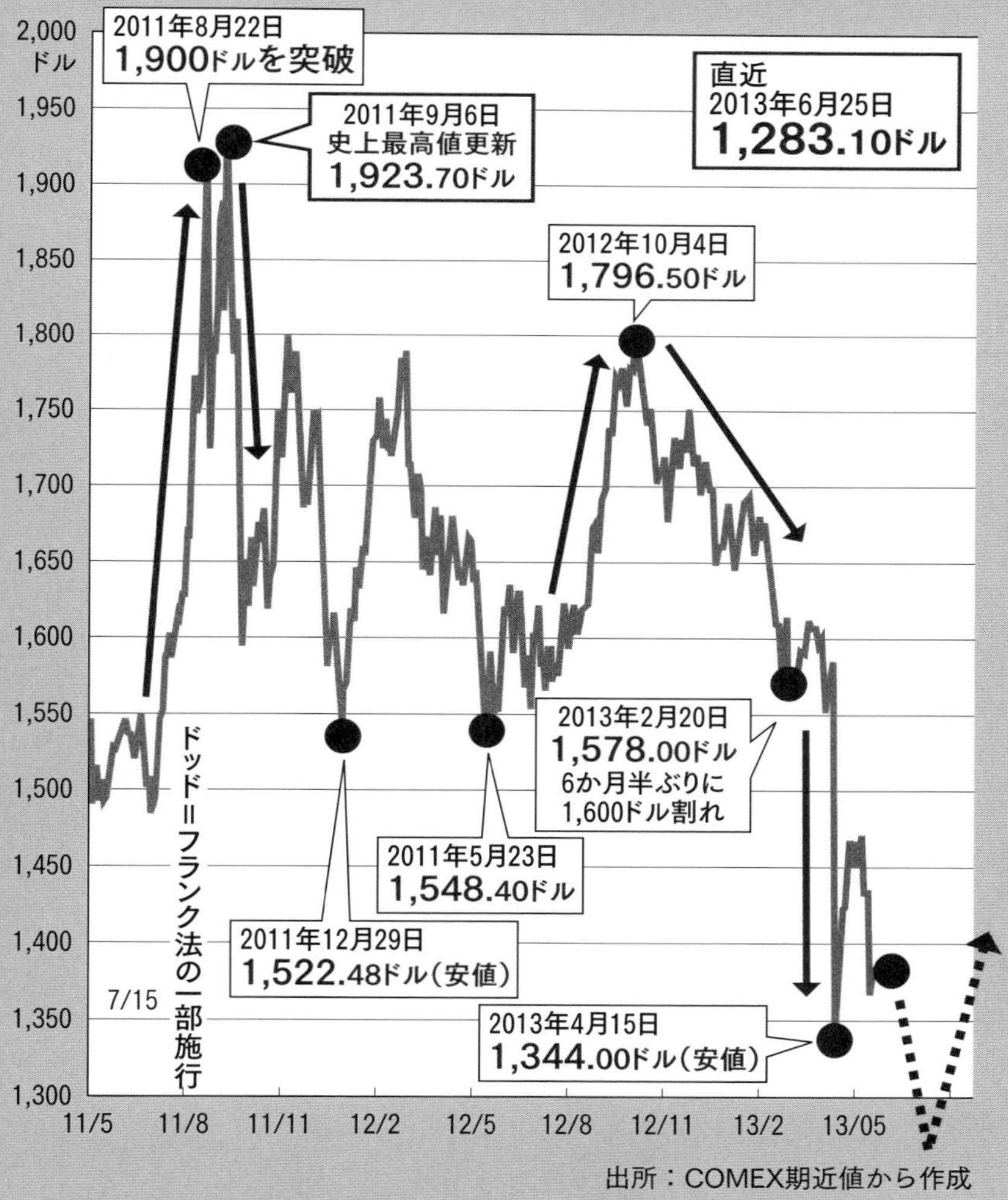

出所：COMEX期近値から作成

ャートを載せる)。週明けの月曜日(4月15日)も下げ続けて底値(1オンス1321ドル)を記録した。ところが翌16日には下げ止まった。そして逆に少し上がった。金《きん》の世界値段(国際価格)は1オンス(約31・1グラム)1400ドルを保《たも》った。

だから世界値段の「写真相場《しゃしんそうば》」である日本では、4月16日の火曜日の先物《さきもの》価格(東京商品《しょうひん》取引所=東商取《とうしょうとり》=TOCOM《トコム》の約定《やくじょう》値段)で、1グラム4125円の最安値となった。田中貴金属《たなかききんぞく》の小売りの値段では、**1グラム4408円**という安値になった。この金《きん》1グラム4408円というのは私たちが覚えておくべき数字だ。金1キロの板(バー)なら441万円である。この安値は記念すべき値段だ。驚くことが起きた。この4月16日に、日本国内の小金持ちのおじいちゃん、おばあちゃんたちが金ショップに詰めかけた。行列して3時間以上も待たされた人々が出た。そして中国でもインドでも、同じく小金持ち、富裕層が金を買いに走った。だから国際金価格(金《きん》の世界値段)が下げ止まったのである。

これからも、こうした動きは続くだろう。米ドル紙幣《ビル》と米国債《べいこくさい》を無制限に、ジャブジャブに刷りつづけて大量に市中《しちゅう》に垂《た》れ流すことを、アメリカ政府(とFRB《エファールビー》。米連邦準備制度理事会)は続けている。だから水増しされた米ドルと米国債の必然の大暴落が起きる。それを阻止するために、アメリカ政府は金《きん》を目の敵《かたき》にする。世界中で紙切れ化しつつある米ドルと米国債の信認《しんにん》を守るために、主敵《しゅてき》である金《きん》のほうを意図的に暴落させようとする。金を「先物《さきもの》のカラ売り」で売り崩して計画的に値段を急落させようとする。

このNYの金融ユダヤ人（国際バクチ打ち）たちと世界お金持ち層との、世界規模での正面激突が始まった。BRICS《ブリックス》（新興5大国）の中国、インド、ブラジル、ロシア、南アフリカは実需《じつじゅ》、実物資産《じつぶつしさん》として金《きん》の現物《げんぶつ》を買い増して、真《ま》っ当《とう》な経済運営を続けようとする。そして日本の〝ジジ・ババ連合〟がこのBRICSと連帯して、NYの金融ユダヤ人たちと闘う。「BRICS諸国＋日本のお年寄り連合」と、アメリカのドル紙幣・米国債の下落との闘いがこれからも続いてゆく。そして、どうせBRICS（と、日本のお年寄りたち）が勝つのだ。これからも一時的な下落、暴落が何度も仕組まれるだろう。それでも**現物《げんぶつ》の金《きん》は強い**。金の値段を下げようとして、いくら計画的に売り崩しても、どこかで下げ止まる。そしてやがて1グラムが1万円の時代が来る。

だから、急いで、今こそ、金を買いましょう。まだ金を買ったことのない人も、金《きん》の小板《こいた》の100グラム（48万円ぐらい）でいいから、買いましょう。それが将来のあなたの生活を守ってくれる。

2013年6月

副島隆彦《そえじまたかひこ》

目次

装幀／中原達治

1グラムあたりの金《きん》の国内小売価格
（1975年から2013年までの38年間）

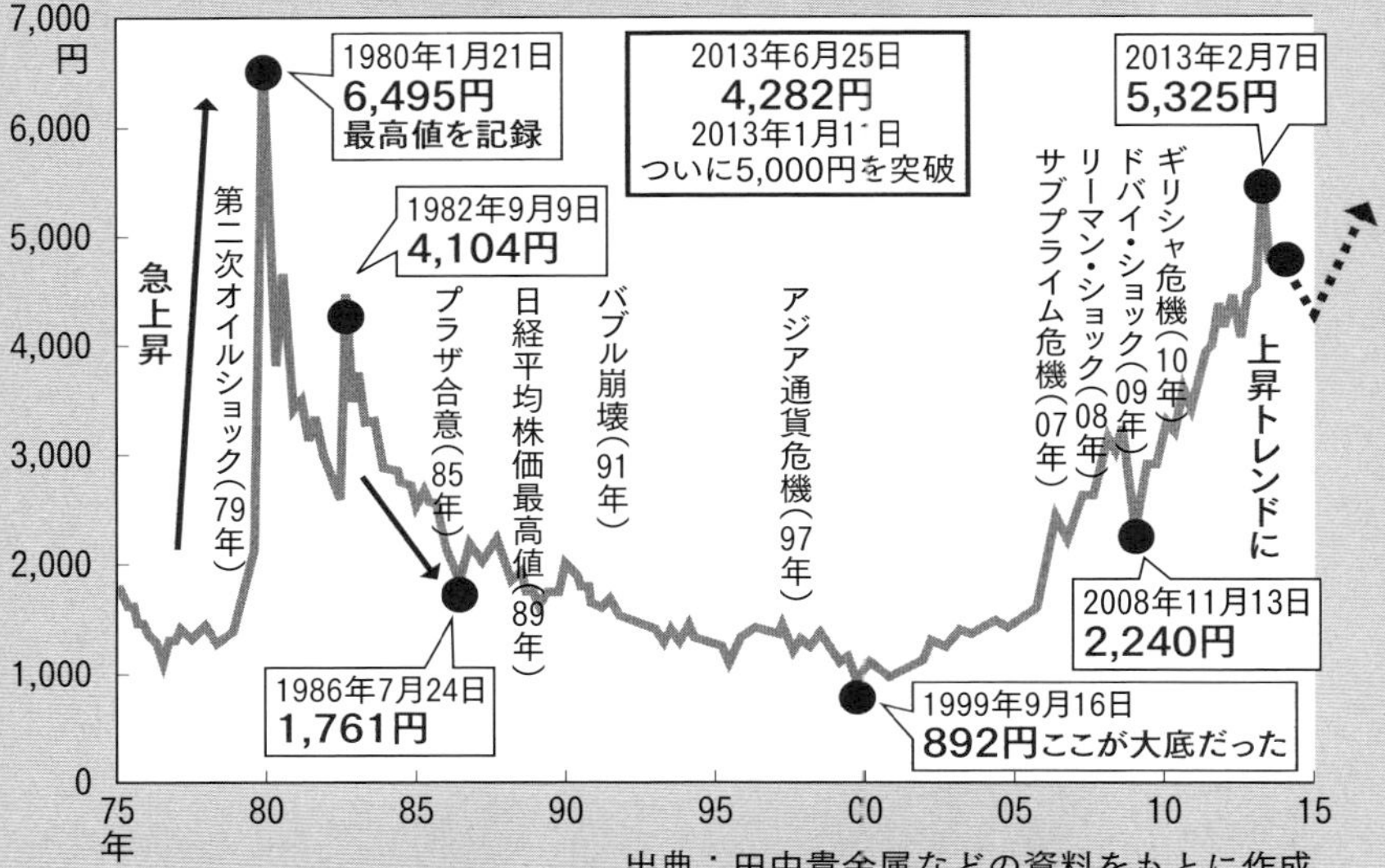

出典：田中貴金属などの資料をもとに作成

1オンスあたりの国際金価格
（1973年から2013年までの40年間）

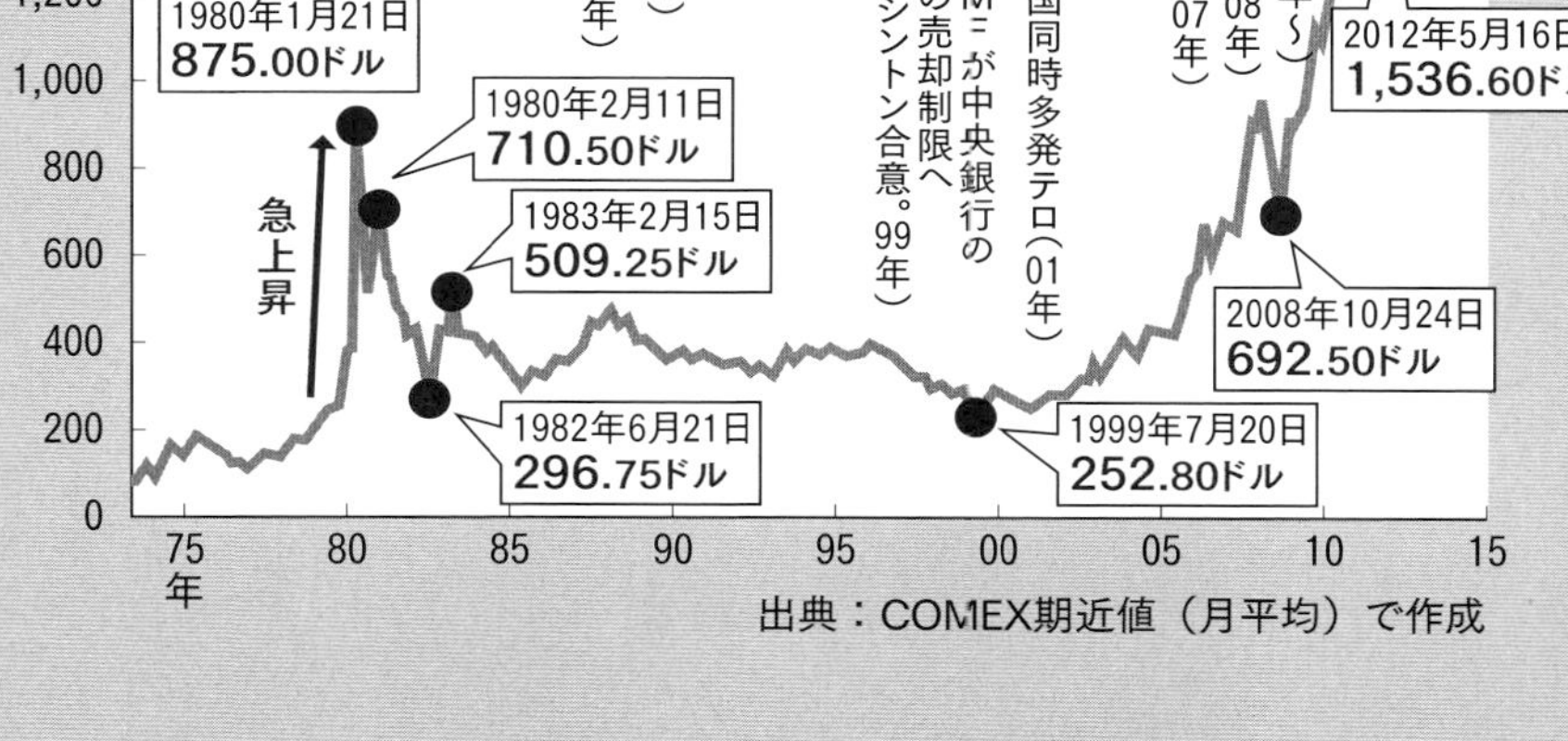

出典：COMEX期近値（月平均）で作成

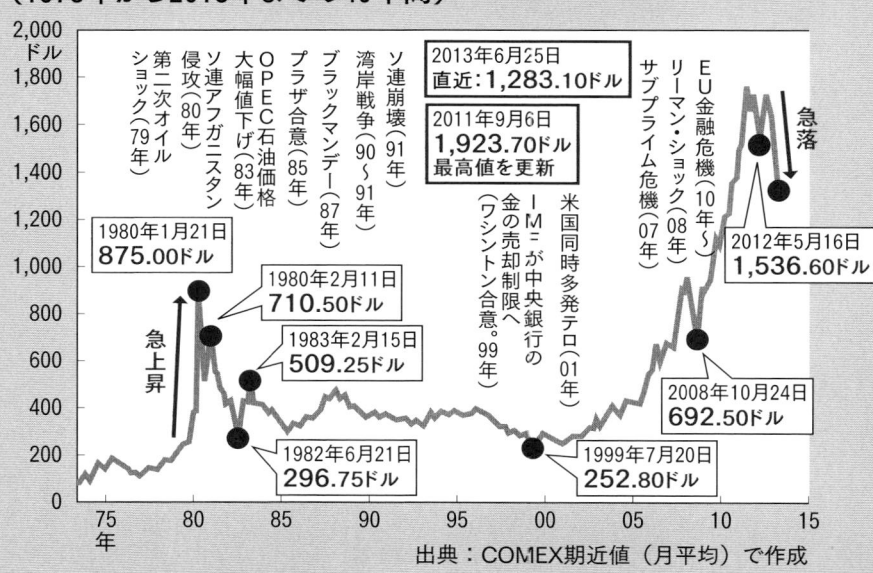

1章

金《きん》と金貨《ゴールド・コイン》があなたを守る

金《きん》は1グラムがいくらになったら買うべきか

大事なことを繰り返して書きます。金《きん》は暴落したら買いなさい。値段が急落したときに買い足してゆきなさい。下がったら買う。また下がったら、さらに買い増す。これを「**押《お》し目買《めが》い**」と言う。

金《きん》が、次に**小売りで1グラム4300円を割ったら迷わず買うべきだ。卸《おろし》の値段なら4000円を割ったときが、次の金の「買い場《かば》」だ**。この小売りで4300円、卸価格で4000円を目安にしてほしい。

「はじめに」で述べたように、金《きん》は今、卸の値段（東京商品取引所の値段）で1グラムが4052円である。小売りでは1グラム4282円だ。卸と小売りで300円ぐらいの価格差がある。これは小売業者が私たちに金《きん》を売るときに、自分たちの手数料と消費税を卸価格に上乗せしているからだ。

金《きん》の値段は、2000年ごろからロンドンの現物市《げんぶつ》場ではなく、NYの先物《さきもの》価格で決まるようになった。金《きん》1オンス（約31グラム）の値段は米ドルで表示される。これが今の金の世界値段（国際価格）だ。日本国内での金の値段（国内価格）は「写真相場《しゃしんそうば》」と言って、NYの先物価格と円・ドル相場との関係で決まる。この金の値段の決まり方はP45で説明する。

円・ドルの為替相場が日本国内の金《きん》の値段に響く。今の円安（ドル高）の傾向が続くと、いくらNYの金の世界値段が下がっても（下落、暴落させられても）、円安が金の値下がりを相殺《そうさい》してしまって、国内の金価格はなかなか下がらない。逆に、円高に向かえば、金の国内での値段はとたんに安くなるということだ。

世界値段が動かないで変わらなければ、**1円の円安**

小売店では金《きん》（延べ板）の種類が多い
（田中貴金属で売っている金地金）

有名な貴金属商では、自分の会社の刻印（田中貴金属ならロンドン市場公認の刻印）のある金地金（バー）を豊富な種類でそろえている。１キロ（480万円ぐらい）から５グラム（２万4000円ぐらい）まである。ただし、500グラム未満（写真では300グラムから下）の金を買う場合は、小売店の加工賃と手数料以外に「スモール・バー・チャージ」という料金がさらに必要になる。

（写真／共同通信）

属商で買う

石福金属興業（東京・神田）

田中貴金属（直営店の名前は『GINZA《ギンザ》 TANAKA《タナカ》』と言う）が代表する日本の有名な貴金属商は、日本国内の大都市に支店を持っている（巻末の「金ショップ一覧」を見てほしい）。左の写真の３大貴金属商の他に、三菱マテリアルの直営店の「ゴールドショップ三菱」も有名である。

金が安くなった４月16日には、これらの貴金属商のお店はお客さんでぎゅうぎゅう詰めになった。あなたも出かけてゆくべきでした。即座の決断、決心が大事だ。

これらの有名店の利点は、金地金《きんじがね》が５グラムから１キロまで、９種類ぐらいそろっていることだ。それと、会社の刻印（ブランド・マーク）のある金が買えることだ。ただし、自社で金地金を製造している分だけ、わずかに値段が高い。

で、**金1グラムあたり60円から70円高くなる。**１円の円高で金の値段は60円から70円安くなる。このことはよく覚えておいてください。

鉱山会社や銀行でも金《きん》を売っている

田中貴金属工業と徳力《とくりき》本店、それから**石福《いしふく》金属興業**（すべて本社は東京）の３社は日本の３大貴金属商として名高い。とくに田中貴金属は全国の主要都市に直営店と１２０以上の特約店を持っている。だから、ほとんどの人はＰ41以下のレポートのように、田中貴金属などの有名ショップで金《きん》を買い求めている。

この3社の他に、財閥《ざいばつ》系の鉱山会社も金地金を売っている。**三菱《みつびし》マテリアル**の直営店は『ゴールドショップ三菱』と言って、東京・仙台・名古屋・大阪・福岡の5カ所にある。菱刈《ひしかり》鉱山（鹿児島県）での高品位の金採掘で知られる**住友《すみとも》金属鉱山**は、店頭販売は行なっていない。しかしフリーダイヤル（☎０１２０－２７

金《きん》はどこで買うか①――有名な貴金

日本の3大貴金属商

田中貴金属工業（東京・銀座）

徳力本店（東京・神田）

7－992）かインターネットで申し込んで指定の銀行口座に代金を入金すると、宅配便で金《きん》を送ってくれる。また財閥系では、鉱山会社ではないが**三井《みつい》住友《すみとも》銀行**が金地金《きんじがね》の売買を扱っている。100グラムと500グラムと1キロの3種類だ。ここで金を買うと、1本（1個）につき6300円の取扱手数料がかかる。

　これらの有名小売店に共通しているのは、自社で金地金を製造していることだ。金《きん》は金鉱石を製錬《せいれん》（精《せい》製《せい》・精錬《せいれん》・溶解《ようかい》・鋳造《ちゅうぞう》の4工程の総称）してつくられる。この製錬の工程で自社ブランドのマーク（刻印）を入れる。それから5グラムや100グラム、1キロなどのサイズに分けて加工する。お客がいろいろな種類の金を選べるようにするためだ。

　有名ショップで販売している金には、この加工賃などの製造コストが上乗せされているので、商品先物業者（P26）よりもほんの少しだけ高い。

写真／AFP＝時事

金1グラムの値段を比較した

商品先物業者		3大貴金属商	
第一商品	4,817円	田中貴金属	4,851円
エース交易	4,825円	徳力本店	4,851円
フジトミ	4,819円	石福金属興業	4,851円

2013年５月24日（９時半発表）の、それぞれの金ショップでの店頭価格である。比べてみると、商品先物業者のほうが金１グラムあたり30円ぐらい安い。

それは商品先物業者が、金の国内市場（東商取。TOCOM）の卸《おろし》価格に、１グラム20円ぐらいのごく小さなマージンを乗せて売っているだけだからである。

金《きん》はどこで買うか②——「商《しょう》品《ひん》先《さき》物《もの》業《ぎょう》者《しゃ》」で買う

第一商品（東京・渋谷）

エース交易（東京・渋谷）

フジトミ（東京・日本橋）

商品先物業者とは、「商品」（基本物資。コモディティ）と呼ばれる鉱物資源（貴金属など）と農産物（穀物）を、市場で取引する業者のことだ。

商品先物取引は、はっきり言ってプロやセミプロたちの“バクチ打ち”の世界だ。だから、この本の読者は、あまり手を出すべきではない。

私がずっと推奨してきたとおり、この商品先物業者での**金《きん》の現《げん》物《ぶつ》引《ひ》き受《う》け（現《げん》受《う》け）**をすべきだ。これなら、有名な貴金属店よりも金や銀やプラチナを安値で買うことができる。「現物引き受け」は日本一安く金を買う方法である。P26以下の「金を現物引き受けで買う方法」を、よく読んでください。

「現物《げんぶつ》引《ひ》き受《う》け」なら金《きん》を卸《おろし》の値段で買える

私は金《きん》を日本一安く買う方法として、商品先物《さきもの》業者での金の**「現物《げんぶつ》引《ひ》き受《う》け」（現《げん》受《う》け）**をずっと推奨している。ここでその方法を説明する。商品先物業者では金の店頭販売も行なっているが、それには卸値《おろしね》に１グラムあたり20円ぐらいのマージンを乗せている。Ｐ24の表に載せたのがその値段だ。だが現物引き受けなら、プロの業者と同じ卸値（仲値《なかね》。先物市場での取引価格）で金を買うことができる。

ただしこの現受けは株の売買と同じように、先物取引という市場で投資（投機《スペキュレーション》）を行なうことになる。この点だけはしっかりと肝《きも》に銘じておいてほしい。

《現物引き受けの方法》

① 商品先物業者と取引契約を交わして、自分の口座を開設する。このとき口座開設申込書や契約書（約諾《やくだく》書）に署名《しょめい》と捺印《なついん》（印鑑登録済みの実印）をする。面倒な手続きかもしれないが、これが小売りと「商品先物取引」という投資の違いである。

② 証拠金《しょうこきん》（頭金）を入金する。取引を始めるための担保金である。２０１３年６月現在、金１キロあたりの証拠金は16万８０００円だ。ただし２０１１年から証拠金の制度が変わったので注意してほしい（Ｐ91を参照のこと）。

③ 金《きん》の買い注文を出す。商品先物市場には「限月《げんげつ》」という２カ月ごとの取引期限がある。その限月を指定して買い注文を出す。現受けの場合は期近《きぢか》の「当限《とうぎり》」と言って、６月なら６月の最も近い取引期限（限月）

金《きん》1キロを「現《げん》受《う》け」で買うには

（東京商品取引所の2013年６月限《ぎり》の清算値で買う場合）

商品先物　16日

▷東京商品取引所

《東京金》（１グラム）

	始値	高値	安値	清算値	前日比
6月	4644	4653	4555	4592	▲73
8月	4650	4670	4555	4584	▲74
10月	4651	4666	4554	4588	▲68
12月	4647	4673	4558	4594	▲65
2月	4649	4677	4558	4594	▲67
4月	4649	4678	4558	4595	▲66

取引期限（限月《げんげつ》）は2013年6月

金1グラムあたりの値段4592円

※日本経済新聞などの「商品先物」欄に載っている、前日の取引終了での値段である。今現在の値段をリアルタイムで知るには、東京商品取引所のウエブサイト（http://www.tocom.or.jp/jp/souba/all/）がいい。

① 商品先物業者と取引契約を結ぶ

必要書類（口座開設申込書と契約書）に住所・氏名その他を記入し、実印を押す。本人確認書類が必要になる。インターネットでの申し込みもできる。

② 頭金（証拠金）を指定口座に入金する

先物取引では取引の担保として証拠金《しょうこきん》を最初に支払う。2013年５月現在、金１キロの証拠金は198,000円だ。これに印紙代がかかる。

③「現受け」で買う

必ず「私は金を現物で引き受けます」と業者に伝えること。現物と引き換えに証拠金（頭金）を除いた残代金を入金する。

4,592円×1,000（＝4,592,000円）＋229,600円＋22,635円－198,000円

金1グラムの値段　1キロ分　金1キロの値段　消費税　手数料と出庫料など　証拠金を引く

総代金は4,646,235円

実際上は、金の値段は商品先物市場の最終取引日（納会日《のうかいび》）での取引価格で決まる。だから上の数字とは必ずしも一致しない。しかし有名店などの小売店での値段も同じように変動するから、現受けで買うことが日本一安く買う方法だ。

④ 金の現物を受け取る

取引契約を結んだ業者から目の前で受け取る。宅配便で送ってもらうこともある。

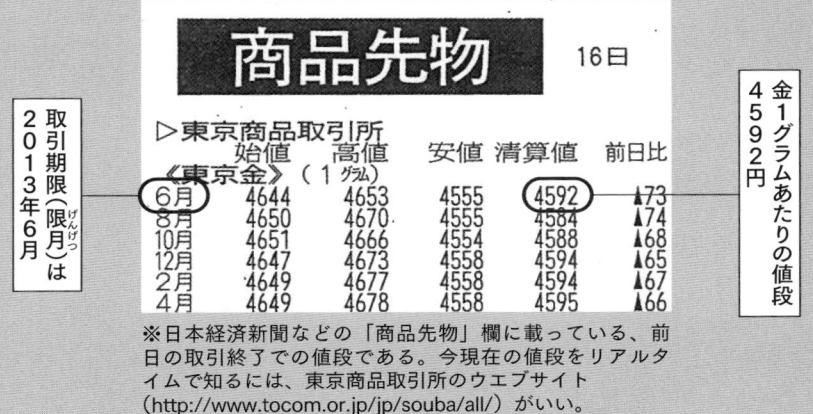

値段が決まってゆく

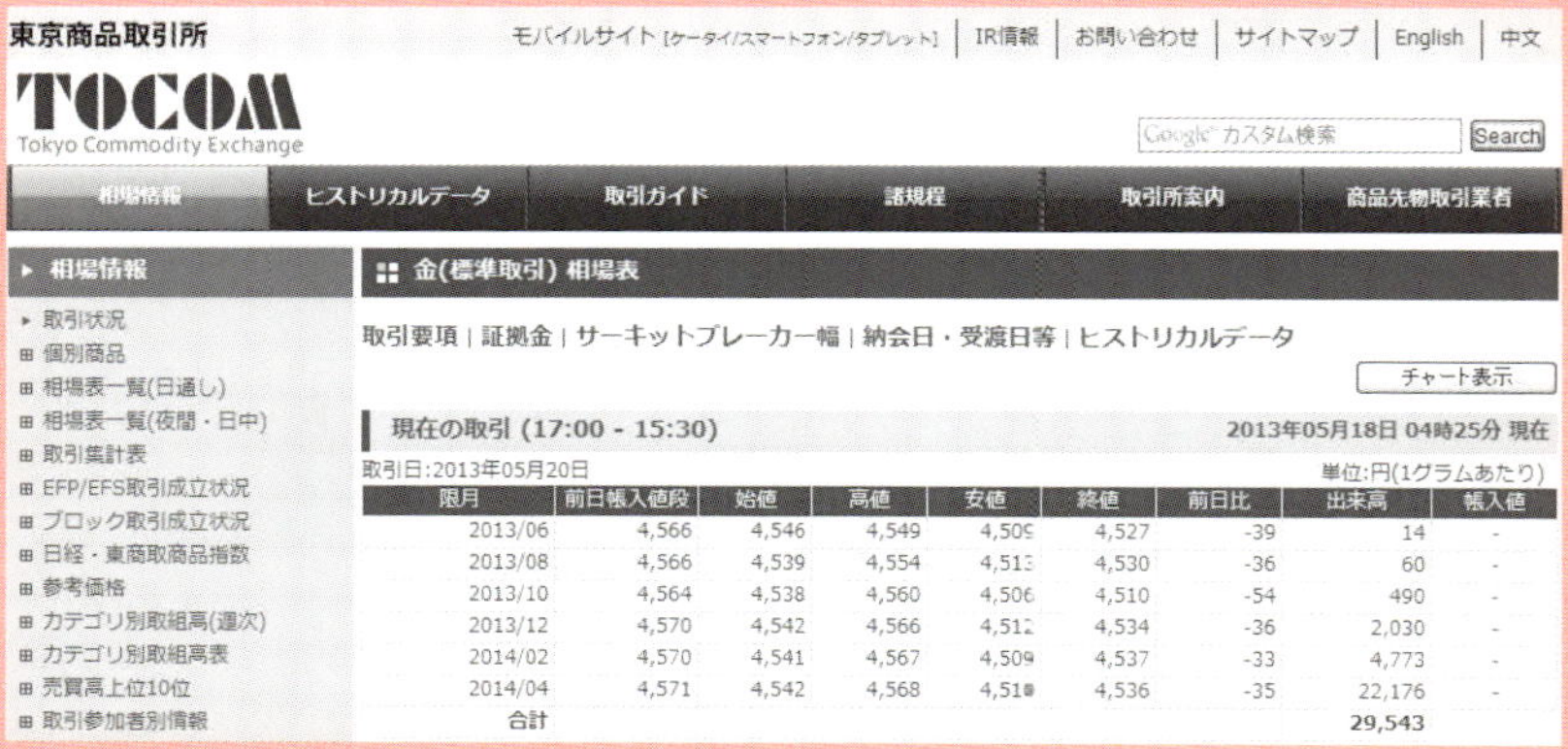
東京商品取引所　モバイルサイト [ケータイ/スマートフォン/タブレット] | IR情報 | お問い合わせ | サイトマップ | English | 中文

TOCOM
Tokyo Commodity Exchange

相場情報　ヒストリカルデータ　取引ガイド　諸規程　取引所案内　商品先物取引業者

▸ 相場情報
▸ 取引状況
⊞ 個別商品
⊞ 相場表一覧(日通し)
⊞ 相場表一覧(夜間・日中)
⊞ 取引集計表
⊞ EFP/EFS取引成立状況
⊞ ブロック取引成立状況
⊞ 日経・東商取商品指数
⊞ 参考価格
⊞ カテゴリ別取組高(週次)
⊞ カテゴリ別取組高表
⊞ 売買高上位10位
⊞ 取引参加者別情報

金(標準取引) 相場表

取引要項 | 証拠金 | サーキットブレーカー幅 | 納会日・受渡日等 | ヒストリカルデータ

チャート表示

現在の取引 (17:00 - 15:30)　2013年05月18日 04時25分 現在

取引日:2013年05月20日　単位:円(1グラムあたり)

限月	前日帳入値段	始値	高値	安値	終値	前日比	出来高	帳入値
2013/06	4,566	4,546	4,549	4,509	4,527	-39	14	-
2013/08	4,566	4,539	4,554	4,513	4,530	-36	60	-
2013/10	4,564	4,538	4,560	4,506	4,510	-54	490	-
2013/12	4,570	4,542	4,566	4,512	4,534	-36	2,030	-
2014/02	4,570	4,541	4,567	4,509	4,537	-33	4,773	-
2014/04	4,571	4,542	4,568	4,51[illegible]	4,536	-35	22,176	-
合計							29,543	

東商取のウエブサイトの「金の標準取引相場表」。金の先物価格をリアルタイムで表示する（http://www.tocom.or.jp/jp/souba/gold）。

東京商品取引所（東商取。TOCOM《トコム》）は今年の２月12日にスタートした。これまでの東京工業品取引所（東工取《とうこうとり》。こちらもTOCOM）と、東京穀物《こくもつ》商品取引所（穀取《こくとり》）が経営統合した。東商取には金、銀、プラチナ、パラジウム、アルミニウムの金属類から、トウモロコシや大豆などの農産物まで14品目の商品（コモディティ）が上場されている。

で買うべきだ。

そしてここで大切なのは、業者に対して、**「私は金を現受けします。現物で引き受けます。それ以外の取引はしません」**と、強く意思表示することだ。

④　限月《げんげつ》の最終取引日を「納会日《のうかいび》」と言う。この納会日までに、頭金（証拠金）を除いた残代金を入金する。納会日の2営業日前までに入金することが多い。

⑤　取引契約を交わした業者に金地金《きんじがね》を受け取りに行く。宅配便で送ってくれる業者もいる。

先物取引（商品先物取引）とは、簡単に言うと「ある商品（コモディティ。基本物資）」を「将来のある時期」に「あ

ここ（東《とう》商《しょう》取《とり》）で商品先物の

東商取のトレーディングルーム（写真／時事）

る一定の量」買う（または売る）契約を結んで、その買う（売る）値段を「今」決める、という取引のことだ。この本では先物取引についてこれ以上細かくは説明しません。前著『新版　副島隆彦の今こそ金《きん》そして銀《ぎん》を買う』（２０１０年、祥伝社刊）をよく読んでください。

商品先物業者と小売店の違いは、小売店では１キロから５グラムまで９種類の金が選べるのに対して、商品先物業者では店頭販売でも現受けでも１キロ単位となることだ。それと、商品先物業者では金のブランド(刻印。マーク)を選べない。

ここで私が述べた「現物引き受け」での金《きん》の買い方だけに徹して、次の金の買い場に備えてほしい。目安と目標は卸価格（商品先物市場での値段）で１グラム４０００円です。いいですね。

これからは1オンス（約31グラム）の金貨《ゴールド・コイン》も買おう

1オンス（トロイオンス。31・1035グラム）金貨は昔からヨーロッパとアメリカで人気がある。2008年のリーマン・ショックと2010年のユーロ暴落のとき、欧米人はゴールド・コインを買いに殺到した。2010年5月の、1カ月間での金貨《ゴールド・コイン》の総販売量は約23万オンス（7・2トン）で過去最大だった。金融危機に敏感で堅実な考え方をする人たちが世界中で金貨を買いに走った。この金貨を買う動きは世界各国で今も続いている。

この1オンス金貨のことを「ゴールド・ブリオン・コイン」（gold bullion coin　地金型《じがねがた》金貨）と言う。1オンス金貨《コイン》は、純度999・9（フォーナイン）の純金をコインの形にデザインして鋳造《ちゅうぞう》したものである。だから金《きん》1グラムが5000円なら、31倍だから15万5000円の価値を持つ。さらにプレミアム（割《わり》増《まし》価値）がつく。これからは私たち日本人も、この金貨《ゴールド・コイン》をもっと買うべきである。

金貨には大きく分けて2種類がある。ひとつは、有名なウィーン・（フィル）ハーモニー金貨（オーストリア。左の写真）とメイプルリーフ金貨（カナダ）のように、①各国の政府（造幣局）が鋳造した金貨だ。

もうひとつが、②オリンピックなどの行事を記念した各国政府発行の金貨である。この記念金貨は金の含有《がんゆう》量（純度）がやや低い。金の割合が80％とかのものが多い。だから価値に比べて表示価格が高いものが目立つ。額面が10万円の金貨なのに、10万円分の金（1グラムが5000円なら金20グラム）が含まれていなくて、半分しかないというものもありうる。これは記念金貨を発行した政府が儲《もう》けようとするからだ。

ウィーン・ハーモニー金貨

表

貴金属店ではこのような化粧箱に入れてくれる(800円ぐらい)。

裏

最も有名な金貨（ゴールド・ブリオン・コイン）が、このウィーン・ハーモニー金貨である。1989年からオーストリア造幣局が鋳造して発行している。

表の面にはウィーン・フィルハーモニー管弦楽団の定期演奏会場にあるパイプオルガンが刻まれている。裏面の図柄はチェロやビオラなどの管弦楽器である。

それでも10万円の通貨（硬貨）としては通用する。

さらにこの②記念金貨に類似したものに、金を含めてつくった記念メダルがある。ただし、この記念メダルは、いろいろな民間の業者が勝手につくって販売している。コインとメダルは違うのだと分かってください。

コイン（金貨）は、①造幣局鋳造の金貨か②記念金貨で、その国の硬貨である。むずかしく言うと法貨（リーガル・テンダー legal tender）である。だから、コインそのものが通貨（カレンシー）であるから、額面（１００ユーロとか）で使える。

とくに各国政府が鋳造した①の金貨は、実際には表面の金額（通貨としての表示値段）の10倍ぐらいのプレミアム価格になっている。たとえばＰ31の写真のウィーン・ハーモニー金貨の表面金額は１００ユーロ（２０１３年６月１日現在で１万３０５５円）なのに、田中貴金属での店頭小売価格は16万３９６３円（５月31日）である。だから12倍以上のプレミアム価格だ。

ウィーン・ハーモニー金貨やメイプルリーフ金貨などの外国政府が鋳造・発行する金貨は、少額の資金でも買えることが利点《メリット》である。１オンス金貨は前述のとおり16万円ぐらいで買える。それに金貨には１オンスの他に、次の種類もある。

・２分の１オンス（約15・６グラム。８万円ぐらい）
・４分の１オンス（約７・３グラム。４万円ぐらい）
・10分の１オンス（約３・１グラム。１万６０００円ぐらい）

このように、手ごろな値段で購入できる。Ｐ23で金の地金《じがね》（バー）にも５００グラムや２００グラム、１００グラム、５グラムなどのサイズ（種類）があることを説明した。このサイズに対して、金の地金は５００グラム未満を買うときにスモール・バー・チャージ

外国金貨《コイン》のいろいろ

メイプルリーフ金貨（カナダ）

イーグル金貨（アメリカ）

カンガルー金貨（オーストラリア）

マレーシア中央銀行金貨

金貨と金地金の値段を比べると

1オンスの金貨
160,781円

1グラムの金の地金
4,775円

（田中貴金属の店頭小売価格。税込。5月23日）

➡

1オンス金貨をグラムに換算すると
1グラム約5,186円だ。

金貨は金1グラムあたり、地金より
411円割高だ。
すなわち約1割高い。

国内ブランド

田中貴金属工業	徳力本店	石福金属興業	三菱マテリアル	住友金属鉱山
日鉱金属 日立製錬所	日鉱製錬	日鉱金属 佐賀関製錬所	三井金属鉱業	DOWAメタルマイン
古河メタルソリース	中外鉱業	松田産業	アサヒプリテック	

これらの刻印は世界の金の中心取引市場であるロンドンとニューヨークの金市場に登録されている。品質保証とともに偽造防止の役割を果たす。日本では貴金属商でも商品先物業者でも、国内で流通する金地金はロンドン金市場公認のもので、世界的に通用する。ここに掲げた刻印（ブランド・マーク）は東京商品取引所（TOCOM）の受渡供用品であり、日本で流通しているすべてだ（2013年５月現在）。

という手数料が別途必要だ。金貨には、この手数料がかからない。

ただし金貨の値段はどうしても金地金よりも割高だ。金貨の値段には、その重さ分の金地金価格の他に、製造コストや輸送コストが上乗せされているからである（P33にコインと地金の価格差を掲載）。

それでも、私たちはもうすぐ襲いかかってくる金融統制に備えて、できるだけいろいろな方法で金《きん》を買うべきである。金貨は少額でも買える。財布の中に5枚や10枚は入れられるというポータビリティがある。

金貨は外国に旅行で持って行って、外国の金ショップですぐに買い取ってもらえる。日本の金地金の板（バー）は、たとえ三菱や住友のマーク（ブランド）がついていても、外国では1割引ぐらいで取引されるようになった。日本国の信用が落ちているのだ。

金地金（1キロ）の表面には このような刻印（ブランド・マーク）がある

海外ブランド

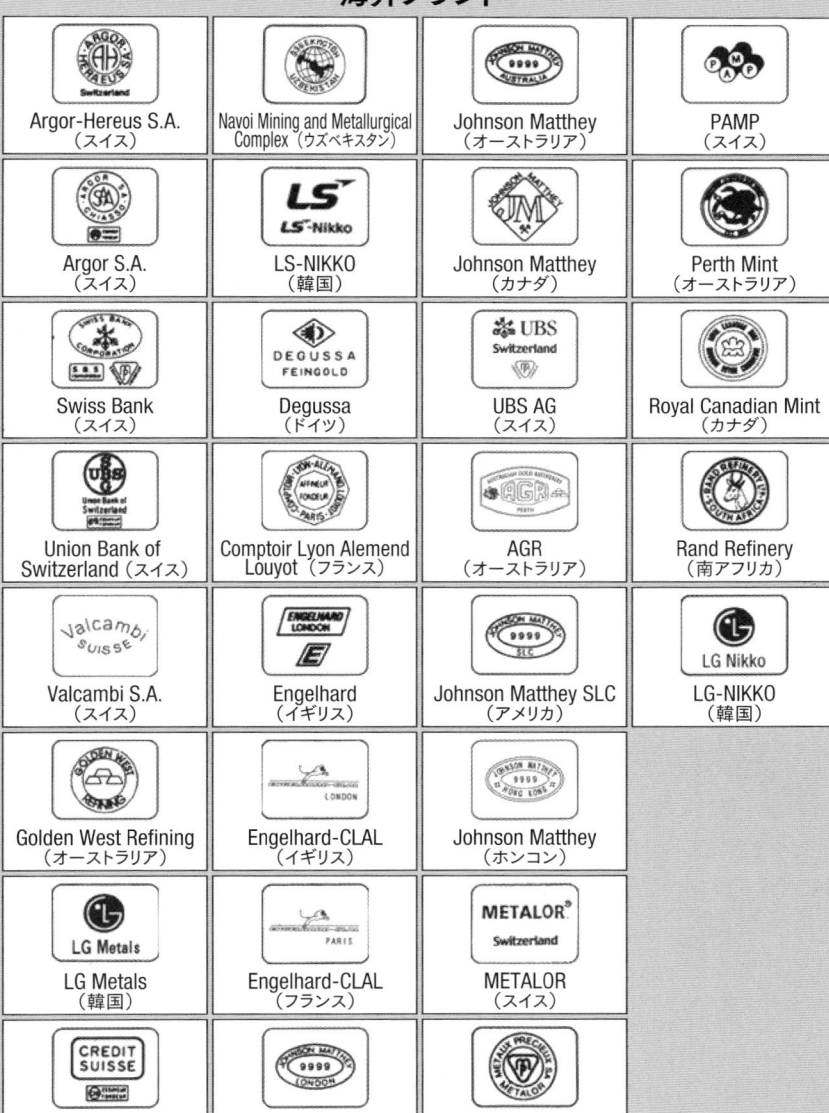

Argor-Hereus S.A. （スイス）	Navoi Mining and Metallurgical Complex（ウズベキスタン）	Johnson Matthey （オーストラリア）	PAMP （スイス）
Argor S.A. （スイス）	LS-NIKKO （韓国）	Johnson Matthey （カナダ）	Perth Mint （オーストラリア）
Swiss Bank （スイス）	Degussa （ドイツ）	UBS AG （スイス）	Royal Canadian Mint （カナダ）
Union Bank of Switzerland（スイス）	Comptoir Lyon Alemend Louyot（フランス）	AGR （オーストラリア）	Rand Refinery （南アフリカ）
Valcambi S.A. （スイス）	Engelhard （イギリス）	Johnson Matthey SLC （アメリカ）	LG-NIKKO （韓国）
Golden West Refining （オーストラリア）	Engelhard-CLAL （イギリス）	Johnson Matthey （ホンコン）	
LG Metals （韓国）	Engelhard-CLAL （フランス）	METALOR （スイス）	
Credit Suisse （スイス）	Johnson Matthey （イギリス）	Metalor U.S.A. （アメリカ）	

金《きん》を売るときに知っておくべきこと

買った金《きん》は手元に長く置いておくべきだ。少なくとも5年、10年は保有しつづけてください。値上がりしたからといって、目先の欲にとらわれて、わずかばかりの利幅《りはば》を取るために売り買いを繰り返すのは愚かなことだと私、副島隆彦は断言します。

金《きん》を売却するのは、あなたの将来の、いざというときだ。あるいはお子さんやお孫さんのために売るのがいい。金（ゴールド）は長期で保有することにこそ価値がある。それが賢い個人の資産防衛だ。

これからも金《きん》は何度か下落が予測される。小売りで1グラム４３００円割れもあり得るだろう。すでに金を買って持っている人は、値段の急落で評価損（含み損）が出る。高値づかみで1グラム５０００円で1キロ買った人は、1グラム４３００円になると70万円の損失を抱えることになる。

「こんなに値下がりして損したじゃないの。売るに売れない。副島先生、どうしたらいいんですか」と、そのときは思うかもしれない。だが、金の値段の一時的な値動きでうろたえてはいけない。どっしりと構えていればいい。金1グラムが1万円になる時代がやがて来る。

むしろ金の値段が急落したら、そのときこそ「買い時」だ。私は何度も繰り返して書くが、金が値下がりして「ここが底値《そこね》だ」というときにこそ買うべきだ。値段が下がったら買う、底値、底値で拾ってゆくという買い方（押し目買い）は、人類の長い歴史に裏打ちされた堅実な資産の防衛術なのである。

ここで金を売却するときの基本的なことを箇条書き

金の買い取り専門業者がどんどん増えている

都内のデパートにオープンした金の買取ショップ。ここでは販売も行なっている。
（写真／時事）

●金を売るときの手順

① その日の買取価格（業者が表示する）を確認する。

② 「売却申込書」に住所・氏名などを記入する。
このとき、本人確認書類も必要。

③ 金地金を検査する。
最近はどの業者でも「蛍光X線分析器」を使うようだ。

④ 代金が支払われる。

●税金はどうなっているのか

① 買ってから5年以内に売る場合
《売却益－50万円》に課税

② 5年以上保有して売る場合
《売却益－50万円》÷2 に課税

※売却益とは買ったときと売ったときの差額のこと。この売却益が「譲渡所得」に分類されて、年間で50万円を超える場合は確定申告をすることになっている。

しておこう。よく覚えておいてください。

●金《きん》はその金地金《じがね》を買ったお店で売るのがいい。金を鑑定するための手数料をとられることがない。

●買ったお店と違うところで売る場合は、成分分析《せいぶんぶんせき》などの鑑定料がかかる。最近は「鑑定料無料」を謳《うた》う業者も増えた。だが、その分だけ買取価格が低く設定されていることがあるから注意が必要だ。

●金の売却では、買ったときと売るときの差額に税金がかかる。しかし、その金が5年以上保有していたものなら、課税対象の金額は半分に優遇される。だからやはり金は長期で保有すべきなのだ。

●買取業者は金《きん》の価格に消費税分を上乗せしてあなたに代金を支払う。業者が金を購入するのだから当然だ。これから予定どおり消費税の増税が実施されれば、増税分のプラスアルファがついて、売り手であるあなたに戻ってくる。金1キロを500万円で売却なら、10％の消費税分は50万円である。これが戻ってくる。なかなか大きい。国にしてみれば、この制度をそのうち廃止してやると考えているだろう。

●2012年1月から、金の売却に「支払調書制度」が義務づけられた。これは1回の売却代金が200万円以上のときに、業者が取引の中身を支払調書というかたちで税務署へ届ける制度だ。金1キロの売却なら、必ずそのことが税務署に通知される。注意しよう。

実況レポート

2章

金《きん》の「買《か》い場《ば》」で賢い日本人はどう動いたか

1グラム4408円の金《きん》を買いに走った人たち

P12の「はじめに」で書いた4月16日の金《きん》の安値の出現について、実況レポートで説明する。

やはりあのときが金《きん》の「買《か》い場《ば》」だった。2013年4月16日火曜日のことだ。前の週の金曜日（12日）から、NY《ニューヨーク》で金の先物《さきもの》価格が値下がりを始めた。週明けの15、16日まで激しく急落した。**4月15日の夜9時ごろ（NY時間）には1オンス（トロイオンス。31・1035グラムのこと）1321ドルをつけた**（P42、43のグラフを参照）。この1トロイオンスの金貨（ゴールド・ブリオン・コイン。1枚16万円ぐらい）も、これからは日本人ももっと買うようになるだろう。

NYでは4月16日に下げ止まった。が、日本とは13時間（サマータイムで1時間プラスする）の時差がある。だから日《ひ》にちが先に変わる日本では、金が暴落したNYの4月15日の安値を受けて、16日に金の国内価格での最安値が出現した。日本の商品先物市場である東京商品《しょうひん》取引所（東商取《とうしょうとり》。TOCOM《トコム》。以前は東京工業品《こうぎょうひん》取引所、東工取《とうこうとり》と言った）で、**1グラム4125円**を瞬間的に記録した。これは卸売《おろしう》りでの価格だ。

金《きん》の小売店では、この卸価格に手数料と消費税（合計で280円ぐらい）を上乗せして販売する。だから田中貴金属《たなかききんぞく》工業などの小売商と、その全国の特約店である金《きん》ショップでの小売価格が、**1グラム4408円**になったのだ。

この日、全国の金《きん》ショップに、日本の小金持ちのおじいさん、おばあさんたちが現金を抱えて殺到した。東京・銀座1丁目にある田中貴金属（GINZA《ギンザ》

4月16日、全国の金ショップは金《きん》を買う人でごった返した

ＮＹの金《きん》価格の急落を受けて、日本国内の値段も下がった。田中貴金属の小売価格は、３月下旬から４月中旬にかけてだいたい５０００円台だった。が、４月16日には４４０８円にまで下がった。だからお客が一気に詰めかけた（次ページのグラフも参照のこと。写真は田中貴金属の銀座本店）。

田中貴金属の店頭小売価格の推移

（金《きん》1グラムあたり）

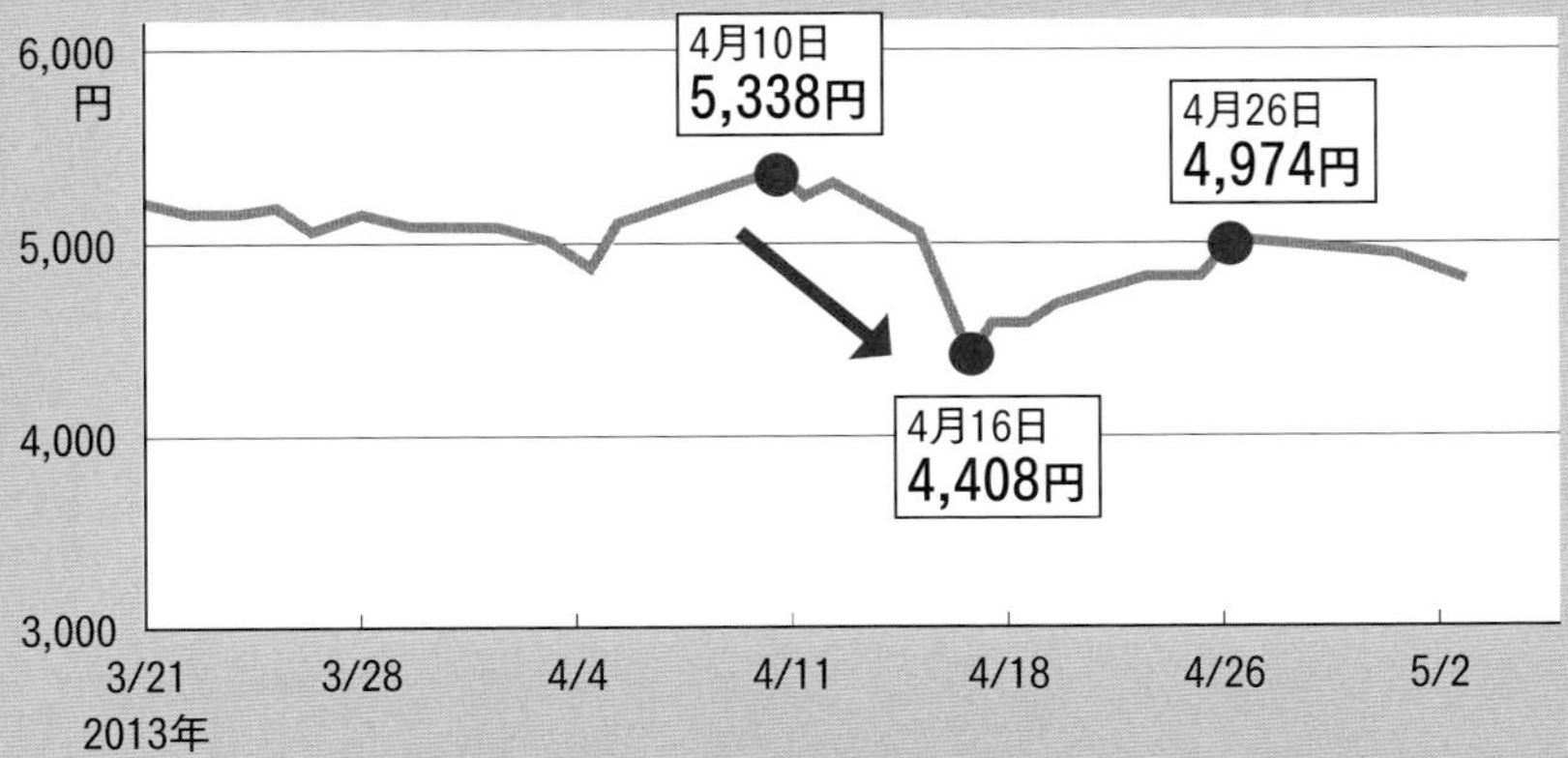

6,000円
5,000
4,000
3,000
4月10日
5,338円
4月16日
4,408円
4月26日
4,974円
3/21
2013年
3/28
4/4
4/11
4/18
4/26
5/2

4月16日の日本の安値までの値動き

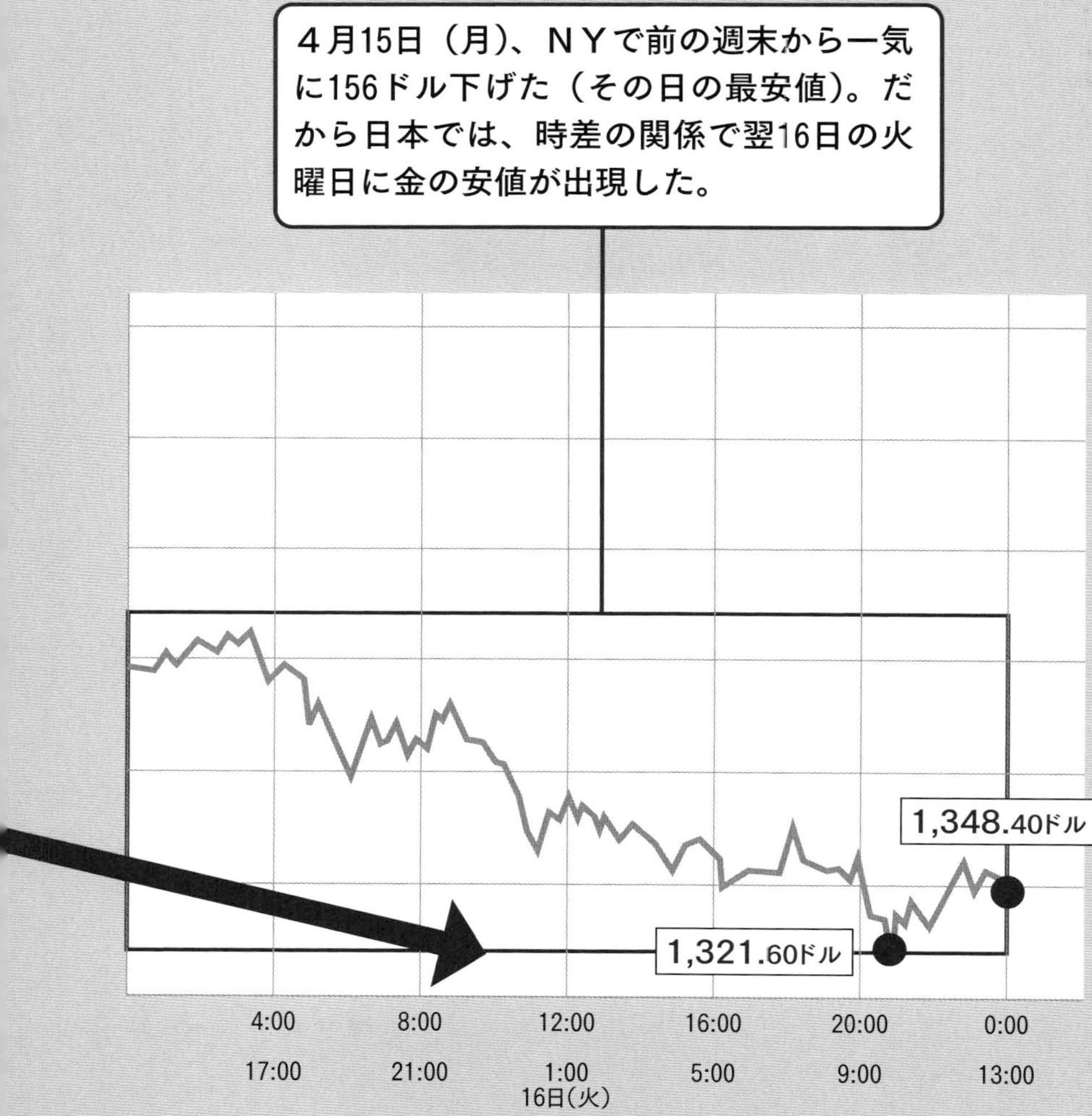
４月15日（月）、ＮＹで前の週末から一気に156ドル下げた（その日の最安値）。だから日本では、時差の関係で翌16日の火曜日に金の安値が出現した。
1,348.40ドル
1,321.60ドル
4:00
8:00
12:00
16:00
20:00
0:00
17:00
21:00
1:00
16日(火)
5:00
9:00
13:00

えたお年寄りたちが集まった。この人たちの行動は正しい。私、副島隆彦の言うことをよく聞いて、金を現物《げんぶつ》で保有しようとする人たちだ。私は「4,600円ぐらいにまで下がったら金を買い足しなさい。下がったら買う、暴落したら買い増すという姿勢で、金を保有しなさい」と助言してきた。この助言を忠実に実行しているのだ。

金《きん》の値段は（今はまだ）NYで決まる。

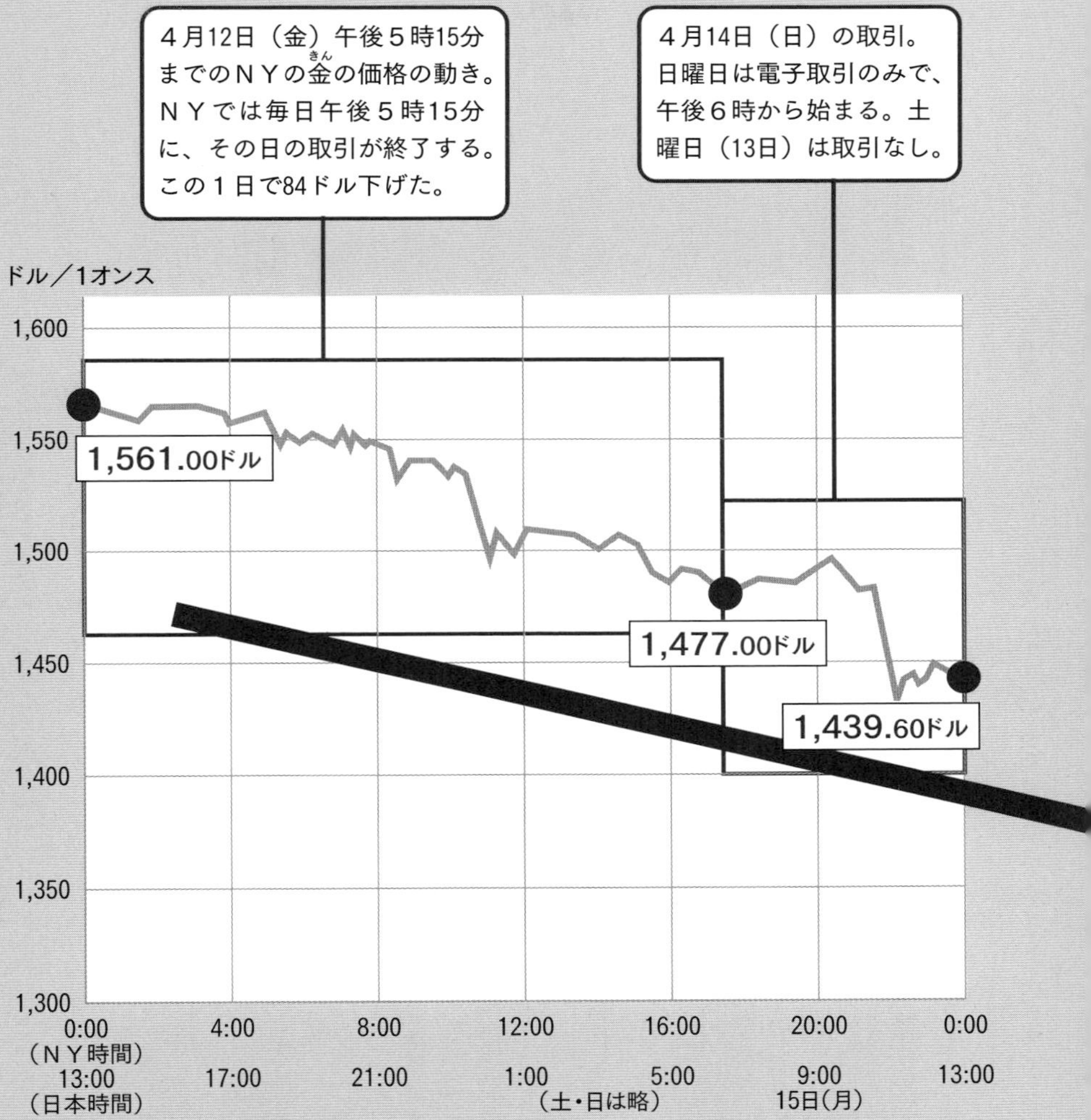

４月12日（金）午後５時15分までのＮＹの金《きん》の価格の動き。ＮＹでは毎日午後５時15分に、その日の取引が終了する。この１日で84ドル下げた。
４月14日（日）の取引。日曜日は電子取引のみで、午後６時から始まる。土曜日（13日）は取引なし。
ドル／1オンス
1,600
1,550
1,500
1,450
1,400
1,350
1,300
1,561.00ドル
1,477.00ドル
1,439.60ドル
0:00
4:00
8:00
12:00
16:00
20:00
0:00
（ＮＹ時間）
13:00
17:00
21:00
1:00
5:00
9:00
13:00
（日本時間）
（土・日は略）
15日(月)

代表的な金《きん》の小売業者である田中貴金属では、４月16日の小売値は**1グラム4,408円をつけた。** 前の日（15日）の5,026円から618円も下げた。

１キロの金地金《きんじがね》なら61万8,000円も安いことになる。もし10キロを買おうとしたら、618万円も安い。

だからこの日、田中貴金属をはじめとした金ショップには、現金の束を抱

次の金《きん》の「買い場」を決める

日本の金ショップでも「本日の金《きん》価格」を発表しているが、NYの金価格をリアルタイムで知るほうが早い。

たとえば左ページのチャートは、Kitco.com（キトコ）のウエブサイト（http://www.kitco.com/charts/livegold.html）ですぐに見られる。

最近では下の写真のように、スマートフォンのアプリに金価格が登場している。iPhone、androidoの両方にある。無料アプリを選んで試してみてほしい。

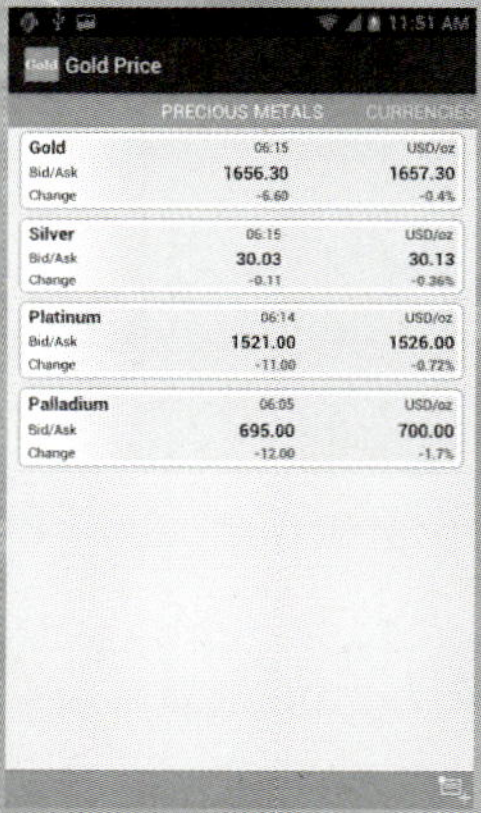

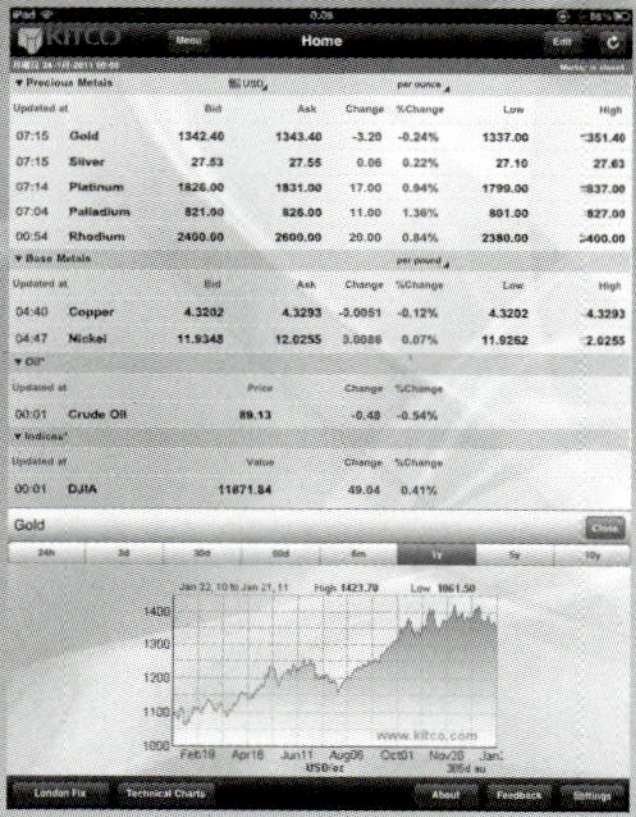

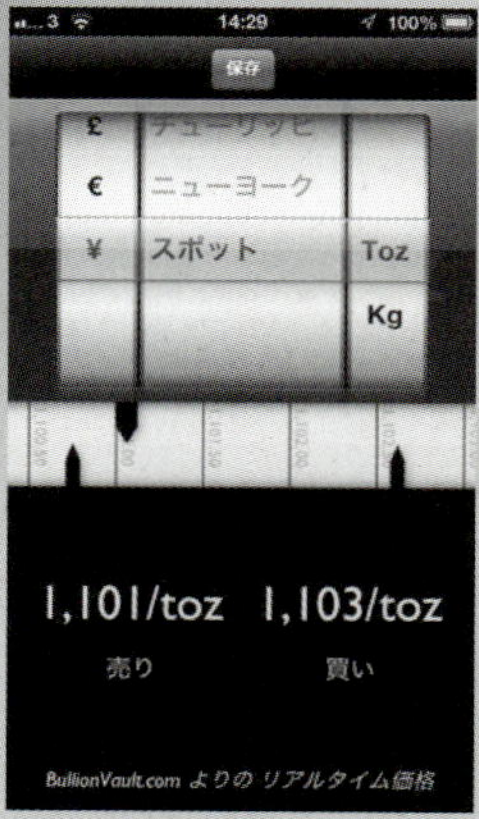

そして、円・ドルの相場をしっかりチェックすること。円高になるほど、日本国内の金価格は安くなる。

国内価格が安くなる2大条件

1 NYの国際価格が下がる。

2 為替が円高になる。

金《きん》の国内値段の計算の仕方

① NYの金《きん》先物市場（COMEX《コメックス》）での価格（世界値段）を知る

↓

② その値段を31.1035（約31）で割る（1グラムあたりの値段）

↓

③ その日の円・ドル相場を知る

↓

④ ②で出した数字に、③の為替レートを掛ける

↓

⑤ 1グラム当たりの国内値段（卸《おろし》の価格）が分かる

↓

これは5月1日のNYの値動き

このとき、1ドルは97.37円（5月2日の始値）だった

- 1453.6 ÷ 31.1035 ≒ 46.7343（1グラム46.7ドル）
- 46.7343 × 97.37 ≒ 4,550.5円

1グラムあたりの国内値段

120キロの金塊（ゴールド・インゴット）が金ショップの店頭に現われた

TANAKA《タナカ》銀座本店）の金地金《きんじがね》売り場はお客でにぎわった。

この建物の3階にある売り場のフロアは、購入の順番待ちをするお客たちで満席状態となった。金ショップでは最初に受付をして番号札のようなものをもらう。エレベーターを使わないで、階段を駆け上がる元気なお年寄りたちがいた。みんな金《きん》を買いに殺到した。

私の本の熱心な読者である人が、このときの様子を報告してくれたので、以下に紹介する。

「4月16日の火曜日の午前中に、銀座の田中貴金属へ電話しました。金の購入希望の予約の電話です。私は仕事の関係で、ずっとお店で待つわけにいかなかったから予約をしようとしたのです。

でも、回線が込み合っていてずっとつ

ついに
デパートでも

4月19日、東京の新宿タカシマヤに金の専門店がオープンして話題になった。写真のように、120キログラム、時価6億円の金塊を“客寄せ”のために展示した。この新しい金ショップは、本文P46で私の読者がレポートしてくれた「銀座SGC」の2号店である。

（写真／共同通信）

ながらず、結局、田中貴金属へは行けませんでした。

そこで、ネットで調べた別のお店に電話を入れてみました。『銀座ニューメルサ』の3階にある『SGC《エスジーシー》』というお店です」

※副島注記「SGC」とは、「SGC信《しん》州《しゅう》ゴールデンキャッスル」社が2010年3月に銀座で開業した金ショップだ。正式名称は「銀座SGC」である。金製品の買い取りも行なっている。長野県松《まつ》本《もと》市にある信州ゴールデンキャッスルは、貴金属や美術品のコレクションを展示する施設で、母体は居酒屋チェーンで有名な養老《ようろう》乃瀧《のたき》グループというから意外である。この4月には、SGCは新宿の髙島屋にも出店した（上の写真参照）。

「私が購入したかったのは、100グラムの金地金《きんじがね》です。SGCに電話をしたところ、在庫があるとのこと。『午後3時までに来店していただければ、お取り置きしておきます』と言うので、早速、予約をしたうえで出かけました。店内にはお客さんが3人ぐらいいましたが、私は5分ほど待っただけで、すぐに買うことができました。お店の人が『在庫をかき集めました』と言っていたことを覚えています」

一挙に1億円分の金《きん》を買った人もいる

もう一人、地方在住の方からも報告を受けたので、そのレポートを載せる。

「私が向かったのは田中貴金属の名古屋店です。コインと地金の購入フロアは2階にあります。1階の入口には『ご購入のお客様は1時間待ちです』という案内板が出ていましたが、2階に行ってみると順番待ちの人がいっぱいで、椅子に座れない人もいました。誰かが『昨日は3時間待ちだったらしいよ。今日はまだましだね』と言う声が聞こえました。

店内は熱気が充満していました。杖《つえ》をついたお年寄りや中年夫婦の姿が大半です。男女比率は半々、と言ったところでしょうか。

私が購入ブースのほうを見てみると、一人の男性客が1万円札の束を取り出していました。帯封《おびふう》つきのピン札で、3000万円ぐらいあったでしょう。別のお客さんは現金を封筒に入れていましたが、レンガ2個分ぐらいの大きさでしたから2000万円でしょうね。

また、私の前にいたお客さんと店員のこんなやりとりも耳にしました。

『(金地金を) 500グラム買いたい』

『あいにく500グラム (のサイズのもの) は在庫切れで、後日、再来店していただくことになります』

『私は遠方から来ているので、また来るのは難しい。入荷したら送ってほしい』

金を買った読者が私に送ってくれた金ショップの伝票（計算書と買い上げ伝票のコピー）

田中貴金属（100グラムの地金）

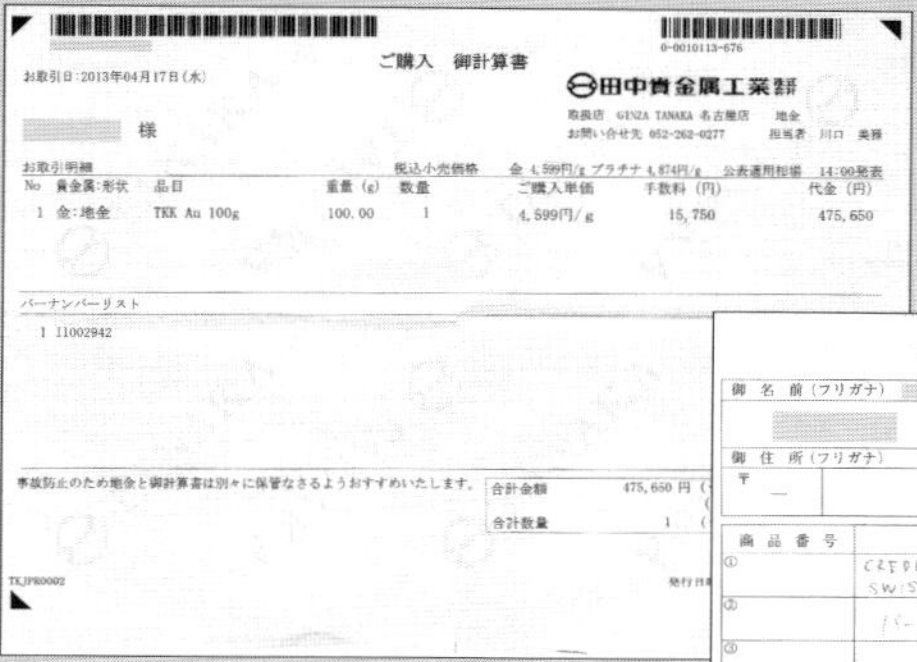

0-0010113-676

ご購入　御計算書

お取引日：2013年04月17日（水）

田中貴金属工業㈱

様

取扱店　GINZA TANAKA 名古屋店　地金
お問い合せ先　052-262-0277　担当者　川口　美穂

お取引明細　税込小売価格　金 4,599円/g　プラチナ 4,874円/g　公表運用相場　14:00発表

No	貴金属:形状	品目	重量（g）	数量	ご購入単価	手数料（円）	代金（円）
1	金:地金	TKK Au 100g	100.00	1	4,599円/g	15,750	475,650

バーナンバーリスト
1　11002942

事故防止のため地金と御計算書は別々に保管なさるようおすすめいたします。

合計金額	475,650 円
合計数量	1

TKJPR0002

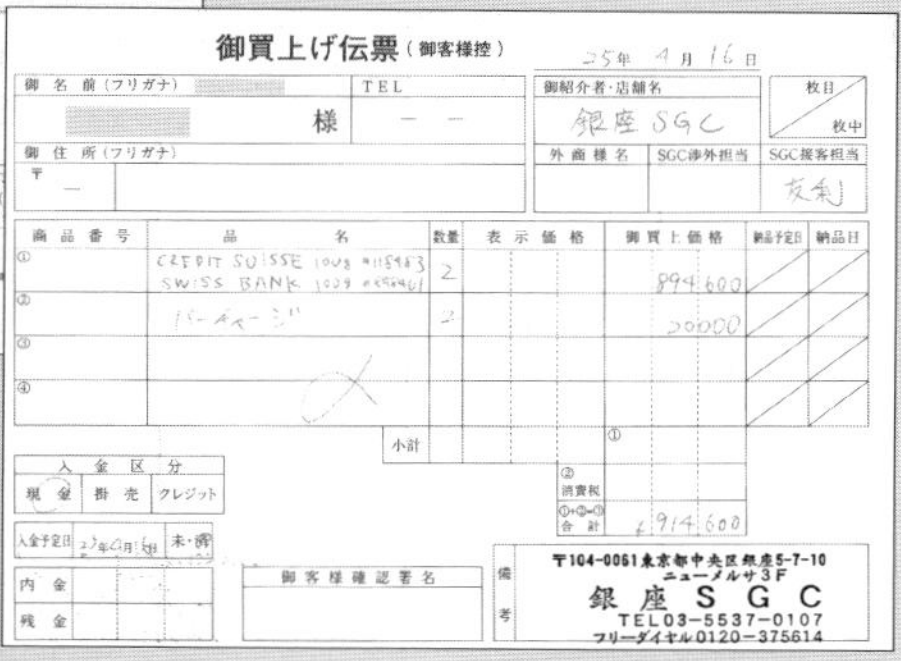

御買上げ伝票（御客様控）　25年 4月 16日

御名前（フリガナ）
様
TEL　－　－
御紹介者・店舗名　銀座SGC
枚目　枚中
御住所（フリガナ）
〒　－
外商様名　SGC渉外担当　SGC接客担当　友利

商品番号	品名	数量	表示価格	御買上価格	納品予定日	納品日
①	CREDIT SUISSE 100g #115983 SWISS BANK 100g #858401	2		894600		
②	バーチャージ	2		20000		
③						
④						

小計　①
② 消費税
①+②-③ 合計　¥914600

入金区分：現金　掛売　クレジット
入金予定日　25年4月16日　未・済
内金
残金
御客様確認署名
備考
〒104-0061 東京都中央区銀座5-7-10
ニューメルサ3F
銀座ＳＧＣ
TEL03-5537-0107
フリーダイヤル0120-375614

銀座SGC（100グラムの地金）

『申し訳ありませんが発送は致しかねます』
このお店では、金地金は入荷後10日以内に直接自分で受け取りに来なければいけないようです。私は1時間待って、100グラムの金《きん》を買うことができました」

このように、私、副島隆彦の言うことをよく聞いている人たちは、「金《きん》が安くなったら買う。現物《げんぶつ》で買う。値下がりしたら買い増す」の、〝押《お》し目《め》買《が》い〟の鉄則を守って堅実に金を買っている（この二人がなぜ100グラムを買ったのかはP63を参照）。

中には、**この最安値（4月16日の小売りでの安値。1グラム4408円）のときに、なんと25キロも（！）買った方がいる**のである。総額で1億1000万円である。この知らせをいただいたときに、私はその勇気と決断力に敬意を表した。こういう素人さんにこそ、そこらへんの金融バクチ打ちたちなど及びもつかない投資の才能がある。才能というより霊感に近い。

金《きん》についての質問に副島隆彦が答える

私の金融本を読んでくださる読者や、私の講演会に来てくださる方々から、いつも金《きん》について非常に熱心な質問が寄せられる。私はこれらの質問に対して、つねに率直に、かつ分かりやすくお答えしている。ここでは、直近にいただいた金《きん》に関する質問と、私の答えをQ＆Aの形式で紹介したい。

Q 私は今、国の金融統制に備えて、自分のポートフォリオ（資産の配分の仕方。資産の配分表）を見直しています。そこで分散投資についてうかがいます。自分の個人資産のうち、金《きん》をはじめとした実物資産《じつぶつしさん》はどれぐらいの割合で持てばいいでしょう。その目安を教えてください。

A 昔から「（個人資産の）黄金分割《おうごんぶんかつ》」という考え方があります。これはアメリカから来た考え方です。この黄金分割とは、不動産《リアル・エステート》を3分の1、預金《デポジット》とか現金《キャッシュ》を3分の1、株式《ストック》や債券《ボンド》などの証券類を3分の1、それぞれ3分の1ずつ持つというものです。金《きん》は実物資産で、不動産も実物資産ですから、この黄金分割の分け方では、金は不動産に近い。けれども不動産と金《きん》とでは、どうも種類が違う。たとえば不動産には固定資産税がかかりますが、金《きん》は持っていても課税されません。だから従来の黄金分割による分散投資法とは異なる。

やはりこれからの危機の時代には、個人資産のうちの3分の1、**3割から4割を金《きん》で持ってもいい**と思います。

Q

アメリカで2010年7月に「ドッド＝フランク法」が成立しました。この法律は日本にどう影響しますか。日本で金《きん》の個人取引が禁止されるのは、いつごろになるとお考えですか。

A

アメリカの「ドッド＝フランク法」は個人の貴金属の取引を規制して、実質的に禁止する恐ろしい金融統制法です（P70参照）。この法律の影響で、日本でも法律がじわじわと少しずつ、真綿《まわた》で首を締《し》めるように改正されようとしている。いきなり、急に「金の個人取引禁止」とは言い出さないでしょう。しかし、その兆候と気配が少しずつ見えてきた。銀行預金の引き出しの制限と、振り込みの制限が始まりました（P60）。金《きん》の個人取引禁止は、日本のお金持ち層が銀行預金をまとめて5000万円とか1億円とかを下ろすという事態が起きる時期が来たら、それと軌《き》を一《いつ》にして行なわれるでしょう。実際上、金が金ショップで売り買いできなくなる。**その時期は2年以内だろう**、とだけ申しあげておきます。

Q 法律で金《きん》の個人での取引が禁止されてしまったら、私たちはもうずっと、永久に金を買ったり売ったりできなくなるのですか。

A そんなことはありません。大丈夫です。金融統制の法律が施行されても5年、長くても10年も待っていれば、世の中の流れが大きく変わって、また金の売買が自由になるときが来ます。そのときまで、じっと金を肌身離さず持って、自分で管理してください。金《きん》は長く保有していれば、必ず優れた財産（資産）になります。金は強いのです。金《きん》の歴史のすごさ、人類と一緒に歩んできた金の偉大な歴史をよく噛《か》みしめてください。

Q これまで金の販売を手がけてきた三菱《みつびし》商事が、純金積立《じゅんきんつみたて》やプラチナ積立などの事業を田中貴金属工業へ移管しました。2012年11月1日からです。こうした動きは、これから始まる金の個人取引禁止の前兆なのでしょうか。

A そのとおりです。前兆そのものです。三菱商事フューチャーズとか、商社系の会社が商品先物業から撤退しました。商品先物業者の数がどんどん減っている（P79から商品先物業者による座談会を掲載）。これは明らかに統制の始まりです。

Q 副島先生は、金《きん》の個人取引禁止が実施されたら、「副島　金《きん》の個人売買立会所」を無料で開設するそうですね。その場合、売りたい人は大勢いても、買いたい人が少

なくて運営できないことが起きるのではないか。

A 「金《きん》がお店で売り買いできなくされると、金の値段が下がるのではないか」と心配して私に質問する方たちがたくさんいます。たとえば1グラム5000円だった金《きん》が、1グラム4000円とか3000円に下がる。金が値下がりして損をするのではないか、という質問です。

金《きん》は大きく世界的な値段で決まるのであって、日本国内だけの値段ということはありません。日本国内で、政府の力で金の売買ができなくなっても、中国やインドやブラジルなどの新興大国や、世界中の多くの国では売買の停止や禁止などできません。各国との比較で考えてください。たとえアメリカとヨーロッパ諸国と日本という三つの先進地帯で、自分の国の経済政策《エコノミック・ポリシー》（それは財政政策と金融政策）に大失敗して、金融統制で金《きん》の個人取引を禁止にするというおかしなことを実施しても、全世界の趨勢《すうせい》がそれを許さない。5年、10年もすれば世の中は大きく変わるのです。じっと保有していれば、そのとき金の値段はもっともっと上がっています。

Q 私がいちばん心配しているのは、偽物の金《きん》をつかまされたらどうしよう、ということです。本物と偽物は簡単に見分けられるのですか。

A これは大切な問題ですね。たしかに皆さん心配です。私が、時期が来たら開設して実行しようと考えている「副島　金の個人売買立会所　無料」（営利活動ではない）

では、質量計《しつりょうけい》（秤《はかり》）で厳密に金の重さを量ります。そして金地金《きんじがね》の表面にある刻印（ブランド・マーク）を見ます。これだけで本物であるかどうかが判断できます。日本国内で偽物の金を売り買いしているという話は聞いたことがありません。それは作為的な、為《ため》にする議論です。金を憎んでいるジャブジャブ・マネー推進派の権力者たちの差《さ》し金《がね》でしょう。

「副島　金の個人売買立会所」には、副島隆彦のことを信頼してくれる人たちが集まって、まじめに金の交換をするわけですから、いい加減なことはできません。最新鋭の蛍光《けいこう》X《エックス》線分析《せんぶんせき》装置《そうち》（約700万円する）という貴金属の成分分析器を置いて、みんなが見ている目の前で金属の成分を測れば一瞬で分かります。

Q **私が今、日本で保有している金を、海外に持参して売却することはできますか。私はＨＳＢＣ《エイチエスビーシー》（香港上海《ホンコンシャンハイ》銀行）に口座があるので、金を売って、その口座に入れたいと考えています。**

A この質問にお答えするには、私が実際に香港やシンガポールで調査したことをお話しするのがいいでしょう。香港の金《きん》の買い取り業者に聞いたところ、日本人で金を売りに来る人がいるそうです。日本から金を持参したのでしょう。この人々が日本を出国するときに税関でどのように申告したかは分かりません。

ただし香港の金ショップで日本の金《きん》の地金を買い取るときは、値段が通常の5％から10％引きになるようだ、とその業者は言っていました。まさかと思うかもしれませんが、日本では超一流の三菱マテリアルや住友《すみとも》金属鉱山の刻印入り（Ｐ34、35に刻印の一覧あり）でも、日本のブランドの信用が落ちている。それに比べて、これからは「中国黄金《ちゅうごくおうごん》」や「周大福《しゅうだいふく》」や「ＩＣＢＣ《アイシービーシー》（中国工商《こうしょう》銀行）」発行の金の板などが高い信用を持ちます。

Q　コインはどうですか。金《きん》の延べ板（バー）よりも、持ち運びがしやすいと思います。海外で買ってもらえますか。

A　そのとおり。１オンス（約31グラム）の金貨（ブリオン・コイン）はヨーロッパやアメリカで人気があります。彼らは、このブリオン・コイン（地金型《じがねがた》金貨）のかたちで金を保有することが多い。１オンス金貨は、日本の５００円玉が倍ぐらいになった感じです（Ｐ31の写真参照）。財布（小銭入れ）の中に、なんとか５枚ぐらいは入れられるでしょう。

コインは貨幣（通貨）です。だから、コインの額面に５万円と書いてあれば５万円の価値（通用力）を持つ貨幣なのですが、実際は金地《きんじ》金《がね》と同等の価値があります。金《きん》１グラムが５０００円だとすれば、１オンス（31グラム）金貨は「31グラム×５０００円」で15万円ぐらい、これに２万円ぐらいのプレミアム（製造コストや輸送コストなどのプラスアルファの費用）がついて17万円ぐらいになります。業者が売るときはこの値段です。延べ板（バー）よりは割高ですが、それは覚悟してください。その分、世界中で換金できます。

3章

恐ろしい金融統制が始まった

私たちのお金の動きはガラス張りにされている

　世界は恐ろしい金融統制《とうせい》体制に突入しつつある。米・欧・日の金融統制官僚たちが協調して談合《だんごう》して、国民の資産（資金）の動きを監視している。国家は資産家層（お金持ち）が自分たちの銀行預金を一気に大量に引き下ろしたり、国外へ逃がしたり持ち出したりする（キャピタル・フライトと言う）動きを事細《ことこま》かに監視・管理するようになった。

　資産家の皆さん、この先、国《くに》がやることは恐ろしいですよ。以下の新聞記事を読んでほしい。

マイナンバー法成立、平成28年1月から利用開始

　国民一人一人に番号を割り振って所得や納税実績、社会保障に関する個人情報を1つの番号で管理する共通番号「マイナンバー」制度の関連法が、5月24日の参院本会議で可決、成立した。平成28年（２０１６年）1月から番号の利用がスタートする。

　平成27年（２０１５年）秋ごろに市区町村が国民全員にマイナンバーが記載された「通知カード」を郵送。希望者には氏名、住所、顔写真などを記載したICチップ入りの「個人番号カード」が配られる。

（産経新聞　２０１３年5月24日。傍点と注記は引用者）

　この「マイナンバー制度」は金持ちにとって恐ろしい。金持ちでない日本国民の一人ずつのお金《かね》の動きまで、すべて一元的に国家、官僚、税務署が把握するという制度である。今や私たち日本人の生活は、国（政府）によって全面的に公然と監視されはじめたということだ。本当に恐ろしい時代になったものだ。資産家、小金持ちの皆さんは本気で用心し、注意し、警戒

もう銀行で自由にお金を下ろせなくなった

お取引時の確認について

銀行では、「犯罪による収益の移転防止に関する法律」（以下「同法」といいます）にもとづき、口座開設等の際に、お客さまの氏名、住所、生年月日等について確認させていただいておりますが、同法の改正により、**平成 25 年 4 月 1 日から、職業や取引を行う目的等についても次のとおり確認させていただくことになりました**ので、ご理解のうえ、ご協力くださいますようお願い申しあげます。

1. お客さまへの確認事項およびお持ちいただくもの（下線：平成25年4月1日からの追加確認事項）

	確認事項	お持ちいただくもの（原本をお持ちください）
個人のお客さま※1	氏名・住所・生年月日	○運転免許証　○運転経歴証明書（平成24年4月1日以降交付のもの） ○旅券（パスポート）　○各種年金手帳　○各種福祉手帳 ○各種健康保険証　○在留カード ○住民基本台帳カード（写真付き）　等のうちいずれか
	職業	（窓口等で確認させていただきます）
	取引を行う目的	
法人のお客さま※2	名称 本店や主たる事務所の所在地	○登記事項証明書※3　○印鑑登録証明書　等
	事業内容	○登記事項証明書※3　○定款　等
	来店された方の氏名・住所・生年月日等	上記の「個人のお客さま」に記載されているものに加え、社員証等により、法人のお客さまのために取引を行っていることを確認させていただきます。
	取引を行う目的	（窓口等で確認させていただきます）
	議決権保有比率が25%超の方の有無・氏名・住所・生年月日※4、※5、※6	

※1　ご本人以外の方が来店された場合には、来店された方についての氏名・住所・生年月日とあわせて、ご本人のために取引を行っていることを書面等で確認させていただきます。
※2　事業内容等の確認のため、同法で定められた書類（上記）以外の書類のご提示をお願いすることがあります。また、国、地方公共団体、独立行政法人、上場企業等については一部取扱いが異なる場合があります。
※3　同法にもとづき登記事項証明書をお持ちになる場合、確認事項は複数ありますが、1通のみで結構です。
※4　一般社団法人等においては、代表者の方の氏名・住所・生年月日を確認させていただきます。
※5　議決権保有比率 25%超の方が法人の場合は、その法人の名称および本店や主たる事務所の所在地を確認させていただきます。
※6　議決権保有比率 50%超の方がいる場合は、その方についてだけ確認させていただきます。

2. お客さまへの確認が必要な取引

（1）口座開設、貸金庫、保護預かりの取引開始
（2）10 万円を超える現金振込、持参人払式小切手による現金の受け取り
（3）200 万円を超える現金、持参人払式小切手の受払い
（4）融資取引　等

これらの取引以外にも、お客さまに確認させていただく場合があります。

➤ 過去に確認させていただいたお客さまについても、取引を行う目的や職業等を確認させていただく場合があります。
➤ 特定の国に居住・所在している方との取引等をされる場合は、過去に確認させていただいたお客さまについても、上記事項の再確認をお願いすることがあります（その際には複数の本人確認書類のご提示をお願いする場合があります）。
➤ お客さまに資産・収入の状況を確認させていただく場合があります。
➤ 上記事項の確認ができないときは、取引ができない場合があります。
➤ なお、上記事項を偽ること、他人になりすましての口座開設や口座売買等は、同法により禁じられております。
➤ 詳しいことは、銀行の窓口にお問い合わせください。

JBA JAPANESE BANKERS ASSOCIATION 一般社団法人 全国銀行協会

全国銀行協会が、すべての日本の銀行に一斉に張り出した「お取引時の確認について」。銀行は政府から命令されて私たちを監視している。

してください。

「はじめに」で述べたように、この「マイナンバー制度」法（法律名は「共通番号関連制度法」と言う）が５月に成立した１カ月前から、銀行での預金引き出しと振り込みの規制が、今までよりも厳しく強化された。４月１日からである。ＮＨＫのニュースが伝えた。

銀行窓口で新たな確認手続き導入へ

銀行取引が犯罪に利用されるのを防ぐため４月から銀行窓口で10万円を超える現金の振り込みを行なう際には、新たに本人の職業や取引の目的を確認する手続きが導入されることになりました。政府は銀行取引が犯罪に利用されるのを防ぐために、平成２年（１９９０年）から銀行窓口で本人かどうかを免許証やパスポートなどで確認することを求めています。

さらに４月１日からは国際的な基準に合わせて本人確認の手続きが強化され、一定額以上の現金を銀行窓口で扱う場合などに、銀行員が本人の確認に加えて、職業や取引の目的を尋ねることになります。具体的には、銀行窓口で口座を開設する際や10万円を超える現金を振り込む場合、あるいは２００万円を超える現金を預けたり受け取ったりする際に職業などの確認が行なわれます。政府は、取引に関わる追加の情報を得ることで、疑わしい取引をより把握しやすくなるとしています。

（ＮＨＫ　２０１３年３月31日。傍点は引用者）

これは実質的な預金封鎖《よきんふうさ》である。国民が銀行から自分のお金を自由に引き下ろすことができなくなることの準備である。昭和21年２月17日に、突如として断行された預金封鎖＝「金融緊急措置令《そちれい》」の再現だ。今から67年前のあのとき、日本国民は一人あたり１カ月に３００円（現在なら３００万円）しか預金を下ろせなくさせられた。これから日本で67年前と同じようなことが起きようとしていると考えるべきだ。

日本政府はさかんに「銀行取引が犯罪に利用されるのを防ぐために」という見え透いた口実を強調する。名目上は「犯罪収益移転防止法《はんざいしゅうえきいてんぼうしほう》」という法律の改正である。これを「ああそうか。マネーロンダリングや振り込め詐欺を防ぐためなのだから仕方ないね」と、疑いもなく鵜呑《うの》みにしてはならない。私たちは騙されてはいけない。国は今の金融制度の世界的な変調と異変を覆《おお》い隠そうと必死なのだ。

私たち国民のお金と生活を、国（政府、官僚たち）が厳しく管理しはじめている。これに対して私たちは、経営活動の自由、国民の自由を主張して、団結して闘《たたか》わなければならない。

「確認作業」の本当の理由

「お客様、引き出したご預金は何にお使いですか」と銀行員が平気で聞いてくる。本当に余計なお世話である。現金を振り込もうとしても、「これは振り込め詐欺ではないですか」とか「マネーロンダリングではないですか」とか、銀行員が信じられないことを聞くようになった。P59の全銀協（全国銀行協会）のポスターでは、200万円以上の引き出しのときに使い道を聞くとしている。ところが現実はもっと厳しい。100万円の引き出しでも聞いてくる。

私たちは堂々と理由を言えばいい。「自分が楽しむために好きな物を買う」でもいい。「海外旅行に行く」でもいい。「生活費で使ってしまう」と言って預金を下ろせばいいのである。自分のお金をいつ、どのように使おうと人の勝手である。

本当は銀行側も、このような「確認作業」は気が重くてやりたくない。日本政府から命令されて、それで仕方なく、お客（預金者）にしつこく聞かざるをえない動きになっている。この確認作業の本当の理由は、普通の庶民よりも、お金持ち（富裕者層）が銀行預金を一気に大量に引き下ろさないかを監視することにある。お金持ちたちの動きを中心に見ているのだ。

個人の金《きん》の売り買いも税務署が監視する

今は金《きん》を売るときだけでなく、買うときも「本人確認」がされるようになった。犯罪を防ぐことが目的だと言っている。が、これは明らかな金融統制である。

金《きん》を買うときに値段が200万円以上になる場合は、お店から本人確認をされる。200万円は、今の値段なら金400グラムぐらいだ。

金ショップで金1キロを買おうとすると、「免許証など、ご本人を確認できるものをお見せください」と言われる。しかし免許証を見せて、それで済むわけではない。**本人確認をしたら、あなたの名前や住所が、そのお店に登録される**のである。すなわち、あなたが金を買った記録がずっと残る。気持ちの悪い話である。

だから、それが嫌なら、200万円を超えない重さで金を買うのがいい。かわいらしい100グラムの金地金は、今は48万円ぐらいで買える。この100グラムの延べ板をどんどん買い増してゆけばいい。あるいは金貨（金のコイン）を買い集めるべきだ。

P38でも説明したように、2012年1月から、金を売るときに**代金が200万円を超える場合は、貴金属商から税務署へ自動的に「支払調書」が行く**ようになった。この支払調書には何が書かれているのか。

それは、以下の5項目である。

①お客の住所と名前
②売却した貴金属の種類（金地金、プラチナ地金、金貨、プラチナのコインが対象。銀やパラジウムの地金と宝飾品は含まれない）
③売却した貴金属の数と量
④業者がお客に支払った金額

なぜ100グラムの金《きん》がいいのか

TANAKA TOKYO MELTERS
999.9
100g
SWISS BANK CORPORATION
100 g.
FINE GOLD
999.9
ご本人確認に関するお客様へのお願い
マネー・ローンダリングやテロ資金供与防止のため、「犯罪による収益の移転防止に関する法律」が2008年3月1日に施行されました。それに伴い、**200万円を超える貴金属の現金取引にはお客様の本人確認書類の提示が必要**となります。なお、当社では、「古物営業法」に準じて買取りを行っておりますので、直営店GINZA TANAKAおよび、当社地金特約店では、200万円以下のお買取りの際にもご本人確認を実施させていただいております。ご理解とご協力を賜りますようお願い申し上げます。
【詳しくは当社サイトをご覧ください】 http://gold.tanaka.co.jp

お客様 各位

金地金や金貨の売却益と税金についてのお知らせ

日頃は、弊社各サービスをご愛顧いただき誠にありがとうございます。

さて、2012年1月より、お客様の金地金などのご売却に「支払調書制度」が導入されます。

この機会に、金地金などを売却した際の税金について改めてご理解を深めていただけますようお願い申し上げます。

☑ **お客様が金地金などを売却する際、1回の売却で200万円を超える場合は、お買取した事業者(田中貴金属工業や弊社特約店など)に、そのお取引の内容を「支払調書」という書面に記載して所轄の税務署へ提出することが義務付けられます**(2012年1月より)。

田中貴金属がお客向けに出しているパンフレットから抜粋して掲載（右上も）

金を200万円以上買うときは「本人確認書類」の提出を求められる。そして200万円以上売る場合は、本人確認に加えて「支払調書」が税務署に自動的に行くようになった。国民の金の売り買いが国に捕捉されている。これが嫌なら、少額で買える100グラムの金地金か、1オンスコインを買い増してゆくのがいい。

⑤代金の支払い年月日

こうして私たちの金《きん》の売り買いが国（税務署）の監視下に置かれるようになった。金は本来、ただの鉱物資源であって、銅や亜鉛や鉛《なまり》と同じである。鉱物資源（の売り買い）をいちいち政府が管理してはならない。業者に支払調書まで作成させて税務署が把握するなど、やってはいけないことなのだ。

こうなると、2012年1月以降に金を買って、しばらくして売る人たちは税務署から「いついつ、どこどこで、○○万円で金を買いましたね。そして××万円で売って売却益を出したでしょう」と言われてしまう。これが当然のこととして予測される。2012年1月以前の、昔に買った金《きん》についても、いくらで買ったかの金額を聞かれる。このとき、いつ、いくらで買ったか分からない場合は、「概算取得費《がいさんしゅとくひ》の5%ルール」という恐ろしい基準《ルール》が情け容赦なく適用される。

たとえば金1キロを500万円で売却したとしよう。そしてその金を買ったときの金額を覚えていないので、あなたは税務署員に「いくらで買ったか覚えていません」と答えたとしよう。そうすると税務署は自分で勝手に値段を決める。**売った金額の5%が買い値だと決めつけられてしまう**のだ。たったの5%である。だから金1キロを500万円で売ると、その500万円に5%を掛けた金額が、この金を入手したときの値段とされてしまうのである。

だから500万円×0・05＝25万円で、買い値はたったの25万円にされてしまうのである。だから売却益は475万円と勝手にされてしまうのだ。恐ろしいことだ。この475万円に所得税がかかってくる。かなり昔に買った金なら長期保有なので、475万円から50万円を引いて（控除されて）、その半分の212万円が課税されるのだ。とんでもないことである。

日本のお金持ちたちは、このような苛政《かせい》（いじめ）が嫌だ。だから、どんどん外国に自分たちの資金、資産を持ち出しているのだ。日本でも資産避難（キャピタル・フライト）は起きている。

恐ろしい税金の「5%ルール」

あなたが金《きん》を売ったときに業者から支払われた代金が、買ったときよりも多い場合は、その差額が「譲渡所得」と見なされて税金がかかってくる。この譲渡所得が年間で50万円を超える場合は確定申告をする。

ここで買ったときの値段が分からないと、税務署は「概算取得費の５％ルール」を冷酷にあなたに課してくる。あなたが金を買ったときの値段は「売ったときの５％である」と、税務署が勝手に決めてしまうのだ。

いくらで買ったか覚えていない金《きん》1キロを500万円で売った場合の税金はいくらか？

（5年以上の長期保有）

勝手に5%と決められる

① 500万円（売った値段） − 25万円（500万円の5%） ＝ 475万円（売却益）

② 475万円 − 50万円（控除） ＝ 425万円

③ 425万円 ÷ 2 ＝ 212万5,000円（長期保有後の譲渡所得）

これに税金がかかる

●所得税

212万5,000円 × 15% ＝ 31万8,750円

●住民税

212万5,000円 × 5% ＝ 10万6,250円

合計 42万5,000円

こんなに税金を取られるのだ。

お金《マネー》の信用力は金《きん》との関係で決まる

銀行での預金の引き出しがだんだん難しくなっている。やがて新札《しんさつ》（新円）切り替えが行なわれるだろう。この新円《しんえん》切り替えは昭和21年（１９４６年）に預金封鎖とセットで実施された。手元のお札《さつ》（紙幣）は強制的に新紙幣（新円）に切り替えさせられた。旧紙幣となったお札は昭和21年10月までの8カ月間は通用した。だが、それ以降は使いものにならなくなって実質的に紙切れになった。なぜなら１０００％のインフレーション（物価が10倍になった）が次の年の昭和22年までに押し寄せたからである。

今、これと同じようにすさまじいインフレーションが私たちに襲いかかりつつある。それは**米・欧・日の先進諸国の政府が、ジャブジャブ・マネーを大量に刷りつづけている**からだ。それと国債（国家借金証書）を発行しすぎているからだ。

アメリカとヨーロッパは、銀行の破綻《はたん》を防ぐために〝マネーの無制限供給〟を始めた。日本もついにこの4月4日、この無制限供給に等しいことを「異次元《いじげん》の超金融緩和《ちょうきんゆうかんわ》」として発表してただちに実行した。黒《くろ》田《だ》東彦《はるひこ》日銀総裁が就任するや、突然発表した「黒田大砲（バズーカ）」である。

これは非常に恐ろしい事態だということを日本国民は自覚すべきだ。日銀がお札を大量に、ジャブジャブに発行して、２９０兆円（今の2倍）になるまで政府（財務省）が発行する日本国債を買い支えるというのだ。日本国債が暴落（値崩れ）するのを防ぐのに財務省も日銀も必死である。

貨幣（紙幣、お札）の信用力は金《きん》との関係で決ま

今ゃドルの価値は、約束した50分の1になったのだ。
だから暴落する運命にある。

米国のブレトンウッズ会議で決まった
（1944年7月1日）

1945年

金（gold）
1オンス＝35ドル
（31g）　と決めた

すなわち

金1グラム≒1ドル
だった

68年間

金の価値は
約50倍になった

2013年5月

金1グラム≒51ドル
≒5,150円
（1ドル＝101円換算）
になっている

直近1年間の中間価格で見ると
今では
1オンス＝1,600ドル
になっている

1,600ドル ÷ 31.1 × 101 ≒ 5,196円

- 1,600ドル：1オンスあたりのドル建て価格
- 31.1：1オンスをグラムに換算
- 101：そのときの円相場
- 5,196円：1グラムあたりの金の国内価格

る。私はこれまでに何百回も書いてきたが、ドルの価値はこの70年間で50分の1になったのだ。米ドルとの関係で金《きん》の価値は50倍になったのである。それなのにアメリカは50分の1のままだ、としている。だから必ず金《きん》が勝つのだ。

「金・ドル体制」の終わり

今から70年前の1944年7月1日に、金1オンス（約31グラム）はアメリカ・ドル紙幣の35ドルと国際会議で決められた。つまり金1グラムは約1ドルである。これが「ブレトンウッズ（会議）体制」である。

このブレトンウッズ体制（アメリカ帝国が主導する金・ドル体制）は、1971年8月の〝ニクソン（大統領）・ショック〟（金・ドルの交換停止の発表）のときまで守られた。アメリカ政府とその他の各国政府との間では、「金《きん》1オンス＝35米ドルで交換する」が守られていた。だが、この〝ドル・ショック〟で米ドルの信用は、いったんは地に落ちた。

しかし、この直後からアメリカ政府は「米ドルは世界中の石油の取引の唯一の決済通貨である」という方向に、世界体制を巧妙に作り替えた。それで1972年から「ロックフェラー・ドル石油体制」として衣替《ころもが》えした。そして2013年の今に至っている。

そして、そろそろ、この米ドルの世界的な信用（信認）が本当に危なくなっている。だからアメリカ政府は今、「金《きん》を殺そう」としている。自分たちの米ドルの、不倶戴天《ふぐたいてん》の敵である金への憎しみを込めて「金《きん》を無理矢理でも暴落（急落）させてやる」という策略を実行しているのだ。

米ドルは金《きん》との兌換《だかん》紙幣であるという宣言を今の世界銀行・IMF（＝ブレトンウッズ）体制で行なっている。だから信用がある。しかし1971年のニクソン・ショックのころから、米ドルは実際上、金と交換できない不換《ふかん》紙幣（フィアット・マネー　fiat

ここで金《きん》1オンス＝35米ドルと決められた（ブレトンウッズ会議）

1944年7月1日、米ニューハンプシャー州のブレトンウッズにあるマウント・ワシントンホテルで、連合国（アライズ）側の国際会議が開かれた。この会議で米政府が金1オンスを35ドル（1グラムが約1ドル）で兌換することと、IMFと世界銀行の設立が決まった。

money ）になってしまっている。

金《きん》の値動きが激しい。

直近1年間の金の値段は、1オンス1790ドルから1350ドル台の間で動いてきた。その中間は1オンス1600ドルである。この価格帯の中間である1オンス1600ドルで計算すると、金1グラムは51ドルである。ということは、金1グラムが約1ドルと決められた70年前と比較して、金《きん》の価値は50倍になったのである。だから米ドルは、これからまだまだ暴落するのである。

〝金《きん》とドルの闘い〟がこれから数年続く。そしてドル（アメリカ）が負けるだろう。

法律で金《きん》を買えなくさせられる日が迫っている

ドルの価値は70年前に決めたときの50分の1になったと前述した。だからアメリカの米ドル紙幣の価値は、現在の表示値段の50分の1しかない、と考えてもおかしくない。逆から言えば金《きん》のほうが50倍の価値があるということだ。１００ドルが本当は2ドルということだ。

おそらくアメリカでデノミネーション（通貨の単位の変更）が数年内に断行される。激しいインフレーションが襲ってきたときだ。１００ドル紙幣を1ドル札《さつ》に切り下げるだろう。この動きが、２０１７年ごろから出現するだろう。日本はアメリカとの「抱きつかれ心中」「日米　地獄へ道連れ経済」だから、同じように日本でもデノミネーション＝新札切り替えが実施されて今のお札が使えなくなるだろう。

だからこそ、今のうちに現金（預金）を金《きん》に換えておくことが重要な資産防衛行動になるのである。ペーパー・マネーを実物資産（タンジブル・アセット）に換えるべきだ。そのうち金《きん》そのものを個人が売り買いできなくなる。今の世界は、金融（お金）の場面では市場経済（マーケット・エコノミー）ではなくて、統制経済（コントロールド・エコノミー）体制に変質し、突入したのだ。

２０１０年7月15日に、アメリカで「金融規制改革《きんゆうきせいかいかく》法《ほう》」“Financial Regulation Act 2010”が成立した。別名を「ドッド＝フランク法」と言う。この法案の作成を担《にな》った二人の議員（クリストファー・ドッド上院議員とバーニー・フランク下院議員）の名前から、このように呼ばれている。このドッド＝フランク法の一部

「金の個人取引禁止」への動きが強まっている

金融規制改革法の生みの親たちであるクリストファー・ドッド上院議員（銀行委員長。写真左）と、バーニー・フランク下院議員（金融サービス委員長。写真右）。彼らが法案を提起したことから、法律の名称が「ドッド＝フランク法」と呼ばれるようになった。アメリカには法律に議員の名前をつける伝統がある。
（写真／CNP／PANA）

に「金の個人取引（売買）の規制」が盛り込まれているのである。

ドッド＝フランク法（Dodd-Frank Wall Street Reform and Consumer Protection Act　ウォール街改革・消費者保護法とも言う）は、成立からちょうど１年後の２０１１年7月15日に一部が施行された。このときアメリカ国内の商品先物《さきもの》取引業者やＦＸ《エフエックス》を扱う金融業者を震え上がらせた。

彼らに新たな資格認定試験を課すとしたことで、金融当局（ＳＥＣ《エスイーシー》＝米証券取引委員会とＣＦＴＣ《シーエフティーシー》＝米商品先物取引委員会）が悪質な金融業者の取り締まりに出るという脅しを業界にかけたのである。あの世界的な投資家のジョージ・ソロス氏は「今さらこの歳で試験なんか受けさせられてたまるか」と、自分のファンドを表向き閉鎖してしまった。

彼ら金融当局の統制官僚たちは、いつも口実としては「投資家の国民を悪質な業者たちから保護する。消費者保護のための法律である」という旗を振りまわす。が、実情は金融業者への規制をじわりじわりと拡大して、やがてその規制を一般個人へも適用するようになる。それが「金《きん》の個人売買禁止」という恐るべき金融統制なのだ。

ドッド＝フランク法は必ず日本に波及する。日本でもやがて個人の金の取引を禁止する法律が出されるだろう。そのとき、私たち日本人は市場で金を売り買いできなくなる。しかし親、兄弟、親戚、友人の間では当然、売り買いできる。これを禁止することはできない。

アメリカ国民が金を没収された歴史

アメリカでは１９３３年に、当時のルーズヴェルト大統領が厳しい統制経済を始めて、個人が金を所有することまで禁じた歴史がある。

このとき世界は第二次世界大戦に向かって行きつつ

「アメリカ政府はあなたの金を没収します」

POSTMASTER: PLEASE POST IN A CONSPICUOUS PLACE.—JAMES A. FARLEY, Postmaster General

UNDER EXECUTIVE ORDER OF THE PRESIDENT

issued April 5, 1933

all persons are required to deliver

ON OR BEFORE MAY 1, 1933

all GOLD COIN, GOLD BULLION, AND GOLD CERTIFICATES now owned by them to a Federal Reserve Bank, branch or agency, or to any member bank of the Federal Reserve System.

Executive Order

FORBIDDING THE HOARDING OF GOLD COIN, GOLD BULLION AND GOLD CERTIFICATES

For Further Information Consult Your Local Bank

GOLD CERTIFICATES may be identified by the words "GOLD CERTIFICATE" appearing thereon. The serial number and the Treasury seal on the face of a GOLD CERTIFICATE are printed in YELLOW. Be careful not to confuse GOLD CERTIFICATES with other issues which are redeemable in gold but which are not GOLD CERTIFICATES. Federal Reserve Notes and United States Notes are "redeemable in gold" but are not "GOLD CERTIFICATES" and are not required to be surrendered

Special attention is directed to the exceptions allowed under Section 2 of the Executive Order

CRIMINAL PENALTIES FOR VIOLATION OF EXECUTIVE ORDER
$10,000 fine or 10 years imprisonment, or both, as provided in Section 9 of the order

Secretary of the Treasury.

「金の保有を禁止する」という大統領令が書かれたチラシ（左）。このようなチラシがアメリカ全土の家庭や会社に配られた。今から80年前のことだ。上の写真は大統領令（プレジデンシャル・エグゼクティブ・オーダー6103）に署名するフランクリン・デラノ・ルーズヴェルト大統領。

あった。戦争経済（ウォータイム・エコノミー）に突入してゆく中で統制《コントロール》が敷《し》かれて、その一環として「金の所有禁止」の大統領令《だいとうりょうれい》（プレジデンシャル・エグゼクティブ・オーダー）をルーズヴェルトが出したのだ。Ｐ74以下にその抄訳を載せたので読んでほしい。

当時は戦争の脅威が迫り、ヨーロッパから金持ちのユダヤ人たちが、大挙して金《きん》を体にくっつけてアメリカに政治難民として逃げてきたという事実がある。アメリカ政府はその金持ち移民たちの金《きん》を取り上げた。ただし、無理やり取り上げたわけではない。そのときの安い値段で、金を強制的にアメリカ政府が買い上げるかたちにしたのである。

貨、金の延べ棒、金の預かり証を提出しなければならない。また、1933年４月28日までに所有することになった金貨、金の延べ棒、金の預かり証についても、同様に提出しなければならない。（略）

第３項　1933年４月28日以降に金貨、金の延べ棒、金の預かり証の所有者になった人は３日以内に、この大統領令第２項に沿った形で提出しなければならない。（略）

第４項　この大統領令の第２、３項に沿った形で提出された金貨、金の延べ棒、金の預かり証に関しては、連邦準備銀行や連邦準備制度加盟の諸銀行は、アメリカ合衆国の法律で定められた通貨や紙幣を支払わねばならない。

第５項　連邦準備制度に加盟している諸銀行は所有、もしくは受け取った金貨、金の延べ棒、金の預かり証をそれぞれの地区にある連邦準備銀行に提出しなければならない。そして、それに対する受領書の発行か対価の支払いがなされねばならない。

第６項　1933年３月９日付の法令の第501項によって定められた、大統領が支払うことができる量を超えた場合には、財務長官が、本大統領令第２、３、５の各項に沿った形で連邦準備制度の加盟諸銀行か連邦準備制度に提出された金貨、金の延べ棒、金の預かり証の移動に関する経費をすべて支払う。（略）

第７項　金貨、金の延べ棒、金の預かり証の所有者たちが上記の期限までに提出することが困難である場合、財務長官は、自らの権限で提出期限を延長することができる。（略）

第８項　この大統領令の目的の達成に必要な場合、財務長官は更なる規制を実施する権限を付与される。また、財務省の職員や代理人を通じて許可を与える権限を付与される。（略）

第９項　この大統領令や関連する規制、規則、許可証の発行に関して意図的に違反する者は、１万ドル以下の罰金を科せられる。自然人（natural person）である個人の場合は、10年以下の懲役刑を受ける。また、罰金と懲役刑の両方を科される場合もある。また企業の場合においても、違反に加担した従業員、管理職、役員にも個人と同様の罰金と懲役刑、その両方を科されることがある。

この大統領令と関連の諸規制はいつでも変更、もしくは廃止することができる。

署名

アメリカ政府が国民の金の所有を禁止した

大統領令　金を没収する　1933年４月５日付
(The Gold Confiscation Of April 5, 1933)

古村治彦《ふるむらはるひこ》訳

発：アメリカ合衆国大統領フランクリン・デラノ・ルーズヴェルト（Franklin Delano Roosevelt）
宛：アメリカ合衆国連邦議会（The United States Congress）
日付：1933年４月５日
アメリカ合衆国大統領令（Presidential Executive Order）6102号

1933年３月９日付のアメリカ合衆国大統領令第２項によって修正された、1917年10月６日付アメリカ合衆国大統領令第５項（b）によって、アメリカ合衆国大統領に与えられた権威に基づき、以後、金貨、金の延べ棒、金の預かり証の退蔵（hoarding）を禁止する。

この大統領令を、「現在も続く、国家規模の非常事態に直面している銀行業全体を救済し、またその他の目的のための法令（Act）」と呼ぶ。

この法令は、アメリカ連邦議会による「深刻な非常事態が現在も続いている」という宣言に基づいている。

アメリカ連邦議会は、国家規模の非常事態が発生していると宣言した。私、アメリカ合衆国大統領フランクリン・D・ルーズヴェルトもまた、国家規模の非常事態が現在も続いているということを宣言する。そして、アメリカ合衆国内の個人、合名会社、団体、株式会社が金貨（gold coin）、金の延べ棒（gold bullion）、金の預かり証（gold certificates）の退蔵を禁止する条項をここに制定する。この大統領令の目的を実行するために、以下の規制を定めるものである。

第１項　金の退蔵を禁止するという規制を実施するために、まず「退蔵（hoarding）」という用語について定義する。「退蔵」は、金貨、金の延べ棒、金の預かり証が、当局が把握している取引、もしくは商業上の取引から引き離され、所有されている状態を意味する。「人、者（person）」は、個人、合名会社、団体、株式会社を意味する。

第２項　すべての金の所有者たちは、1933年５月１日までに、連邦準備銀行、もしくはその支店、代理業者、連邦準備制度に加盟する銀行に、現在所有する金

副島隆彦が体を張って金《きん》を買う自由を守る

前著『「金・ドル体制」の終わり』（2011年、祥伝社刊）で書いたが、個人での金の取引（売買）が法律で禁止されることになったら、私は即座に行動に出る。そのときが来たら、「副島　金の個人売買立会所」を東京の真ん中につくろうと考えている。私は、やると言ったらやる。

この「金の個人売買立会所」には、副島隆彦を信用する人たちが全国から集まってきて、金を売りたい、あるいは買いたい、と私の目の前で取引をすればいい。私は「立会人」として、ただじっとその現場で取引を見守っていようと思う。報酬は受け取らない。私は売買業者でも仲買人でもない。だから日本政府は、この「副島　金の個人売買立会所」を規制することができない。

当たり前である。金《きん》を売り買いするのは普通の庶民だ。いくらで売りたい、いくらで買いたい、という人たちの合意ができて取引が成立する。これは利益活動ではないのだから、国家が規制することなどできない。自分の時計やコンピュータを、友だちや親戚に売る（買う）のとまったく同じことなのである。

金《きん》の個人間の取引を、国家が統制して禁止するなどということができる理屈はまったくないのだ。私、副島隆彦は、国家（日本政府）による恐ろしい危険な金融統制の動きと闘って日本国民を守る。

どうせ、「金の個人取引禁止」という無茶苦茶な金融統制は長くは続かない。5年や10年もたてば時代は変わる。金の値段は今の1グラム＝4525円から大きく跳ね上がって、1グラムが1万円、2万円になってゆくだろう。現在の「金・ドル体制」（ブレトンウッズ体制）はもうすぐ終わるのである。

金融規制（統制）が行なわれたら、私が「金《きん》の個人売買立会所」を無料で開設する

日本で「金の個人取引禁止」の動きが出たら、私はただちに反撃に出る。都内に「副島　金の個人売買立会所」を作る。

ここで私は、金を売りたい人と買いたい人の取引（売買）を見守る。報酬は一切、受け取らない。

緊急座談会

金《きん》を取引する「商品先物《さきもの》市場」で異変が起きている

今、金《きん》の市場でも大きな異変が起きている。
日本国内の商品取引所は、この2月に東京と大阪の2カ所に統合された。
そこでの証拠《しょうこ》金《きん》(担保金)の制度がアメリカ式に変更された(P91で詳述)。
これはヒタヒタと迫ってくる恐るべき金融統制の足音だ。
そこで私は、商品先物業界で長い経験を持つ3人のプロに緊急に集まってもらって、
先物取引業界の内情と変化の最新の様子を聞いた。

(3人は仮名とします)

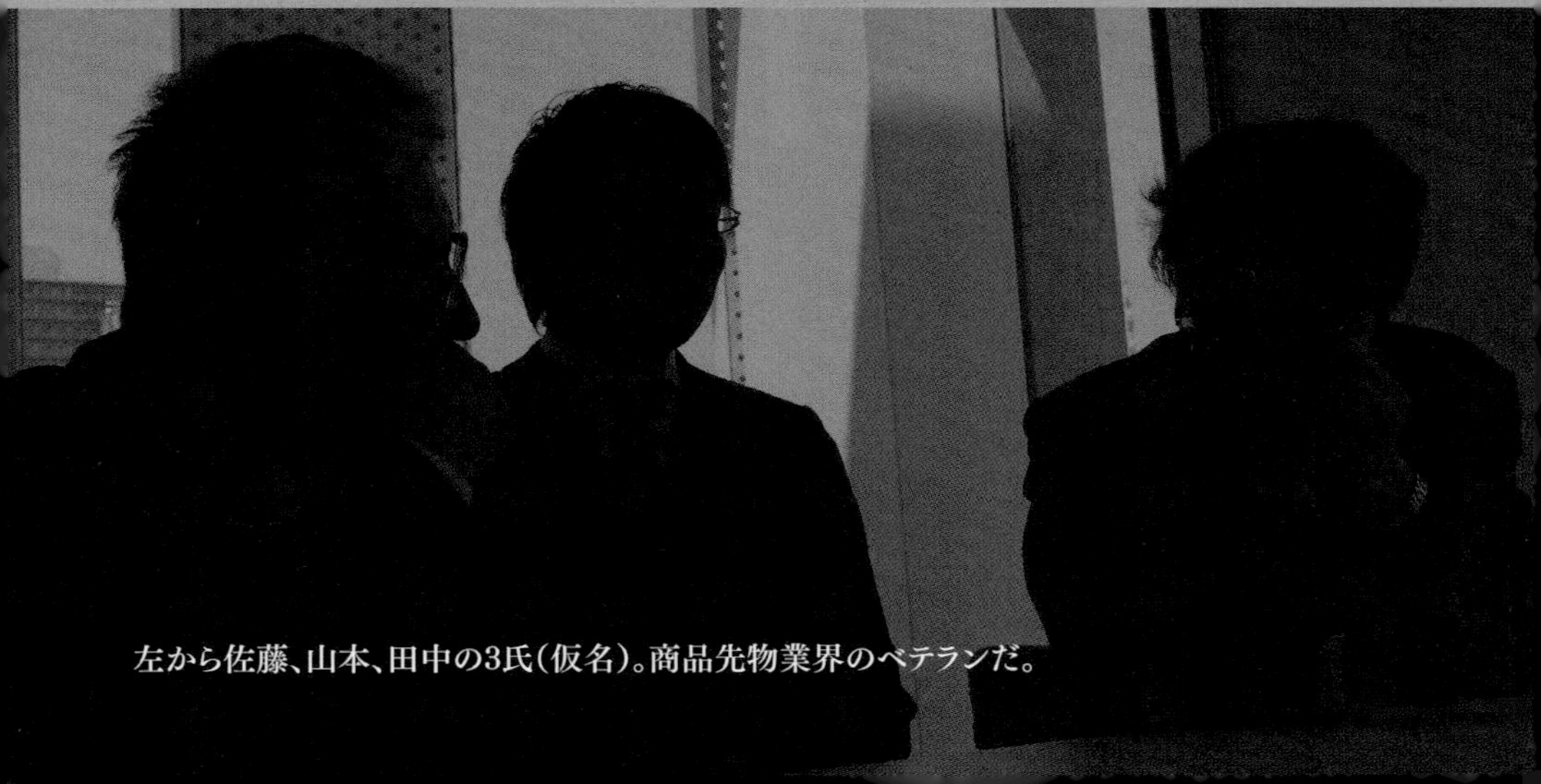

左から佐藤、山本、田中の3氏(仮名)。商品先物業界のベテランだ。

姿を消す業者たち

副島　私が調べましたら、商品先物取引の業者がどんどん減っている。とくに2005年ごろから急激に減っている。金《きん》などの鉱物資源（コモディティ）を売買する東京商品《しょうひん》取引所、当時は東京工業品《こうぎょうひん》取引所（東《とう》工取《こうとり》。TOCOM《トコム》）だったのですが、そこでの受託《じゅたく》業務《ぎょうむ》（お客から資金を預かって取引すること）から撤退する業者が今や続出していますね。

山本　2005年から、ですか？

副島　そうです。年表にしましたので、ご覧ください（P82、83）。それまでは年に3～4社の割の減り方でしたが、2005年には9社も撤退、廃業している。今年の3月までで68社も消えました。どうしてこのような異変が起きたのか、事情をお聞かせください。

田中　2005年といえば、私たち商品先物業者の主《しゅ》務省《むしょう》（管轄《かんかつ》する役所）の検査が厳しくなったころです。もちろん、それ以前にも会社自体が破産したり、業態を変更したりで商品先物取引から手を引く業者はいました。しかし2005年から、突然、私たちへの検査が厳しくなった。

山本　我々の業界にとって「主務省」とは、経済産業省と農林水産省です。商品先物では貴金属（金、銀などの金属《メタル》）と農産物（トウモロコシや小麦など）を扱いますから。

副島　検査が厳しいということは、当局による処分が厳しくなったということですか。

田中　はい、私たちの業界に対する最も厳しい処分は、ご存じのように営業停止の処分です。この営業停止処分が適用される期間が、以前に比べて突然、長くなった。

佐藤　そうですね。思い出しました。たしかに、以前なら「新規の売買を1週間停止せよ」くらいのものでした。それが、停止期間が1カ月、2カ月というスパンになりました。これはこたえる……。

田中　役所側からすれば、計画的な狙《ねら》い撃《う》ちなのでしょう。名前は控えますが、当時、お客様からの苦情が多かった会社に、集中して営業停止処分を連発しましたから。

副島　苦情というのは、強引でしつこいセールスとか、「1週間で元手が2倍になりますよ」と勧誘して結局は損をさせた、といったことですか。中にはお客が文句を言うと、罵声《ばせい》を浴びせるような業者もいた、と聞いたことがあります。

田中　そうですね。正直なところ、私たちの業界に売買の内容などで問題がなかったわけではありません。だから、お客様の苦情がワーッと起きたところで、役所がギュッと締めつけにかかった。

山本　そう、それまでは緩《ゆる》いというか、ある程度自由にやれていて、お茶を濁してくれていました。それが、主務省から「2カ月の営業停止」の処分を受けた会社を目の当《ま》たりにすると、他社のこととはいえ、どうしても萎縮《いしゅく》してしまいます。

田中　私が「役所による狙い撃ち」と言ったのは、処分が1回こっきりではない、という意味です。しばらくすると、一度処分を下した会社に「ちゃんと営業内容を訂正したか」と、また検査が入る。それで役所が不十分だと判断して、前回と同じか、もしくはもっと長い日数の営業停止をくらわせる。

佐藤　そうすると、仕事のできない日がずっと続くわけですから、その間に社員が辞めたり、お客様も離れていきます。そうやって商品先物の会社が潰《つぶ》れていくのは自然の流れです。

副島　役所はやりすぎですね。投資市場の自由というか、お客が投資で大損することも〝大人の世界〟の自由経済のルールとして認めるべきだ。「投資の責任は自分で取る」という一札《いっさつ》を書いた人に対しては、役所があれこれ規制するのをやめるべきだ。役所が投資の失敗の損を穴埋めしてくれるわけではないのですから。先物業者の経営者たちは大変ですね。私は、銀行や証券会社ではなくて先物業界をずっと応援してきました。

どんどん減っている

2008年	57	アスカフューチャーズ(株)	商品取引受託業務を廃止	5.7
	58	新東京シティ証券(株)	商品取引受託業務を廃止	5.9
	59	かざかコモディティ(株)	商品取引受託業務を廃止	5.26
	60	朝日ユニバーサル貿易(株)	破産	6.13
	61	(株)三忠	商品取引受託業務を廃止	6.30
	62	(株)あおばフィナンシャルパートナーズ	商品取引受託業務を廃止	7.28
	63	マネックス証券(株)	商品取引受託業務を廃止	8.29
	64	アルファコモ(株)	商品取引受託業務を廃止	8.29
	65	(株)オクトキュービック	岡藤商事(株)に商品取引受託業務の全部を譲渡したため	9.29
	66	明治物産(株)	商品取引受託業務を廃止	10.31
	67	ばんせい証券(株)	商品取引受託業務を廃止	10.31
	68	関東砂糖(株)	商品取引受託業務を廃止	10.31
	69	ジャイコム(株)	商品取引受託業務を廃止	11.28
	70	ユナイテッドワールド証券(株)	ドットコモディティ(株)に対し商品取引受託業務の全部を譲渡したため	11.29
	71	(株)大平洋物産	商品取引受託業務を廃止	12.5
	72	三幸食品(株)	商品取引受託業務を廃止	12.19
2009年	73	東京コムウェル(株)	商品取引受託業務を廃止	1.30
	74	日進貿易(株)	商品取引受託業務を廃止	1.31
	75	(株)サントレード	商品取引受託業務を廃止	1.31
	76	岡安商事(株)	吸収分割	3.2
	77	サン・キャピタル・マネジメント(株)	商品取引受託業務を廃止	3.31
	78	三貴商事(株)	商品取引受託業務を廃止	3.31
	79	エイチ・エス証券(株)	商品取引受託業務を廃止	5.25
	80	(株)丸市商店	商品取引受託業務を廃止	5.28
2009年	81	SBIフューチャーズ(株)	商品取引受託業務を廃止	7.31
	82	アイディーオー証券(株)	吸収分割	8.3
	83	パブリックフューチャーズ(株)	商品取引受託業務を廃止	8.27
	84	東陽レックス(株)	商品取引受託業務を廃止	10.31
	85	日本交易(株)	商品取引受託業務を廃止	11.9
	86	米常商事(株)	商品取引受託業務を廃止	11.12
	87	タイコム証券(株)	破産	12.25
	88	協栄物産(株)	商品取引受託業務を廃止	12.28
2010年	89	スター為替証券(株)	商品取引受託業務を廃止	3.5
	90	インヴァスト証券(株)	吸収分割	3.27
	91	(株)小林洋行	商品取引受託業務を廃止	3.30
	92	オムニコ(株)	商品取引受託業務を廃止	5.20
	93	(株)アサヒトラスト	吸収分割	8.2
	94	オリオン交易(株)	吸収分割	8.23
	95	三菱商事フューチャーズ(株)	ドットコモディティ(株)に対し商品取引受託業務の全部を譲渡したため	10.30
	96	(株)中部第一	商品取引受託業務を廃止	12.27
	97	GINGAPETROLEUM (SINGAPORE)PTELTD東京支店	法改正に伴い業態を変えるため	12.31
2011年	98	丸梅(株)	商品取引受託業務を廃止	3.31
2012年	99	MFGLOBALFXA証券(株)	商品取引受託業務を廃止	4.5
	100	エイチ・エス・フューチャーズ(株)	商品取引受託業務を廃止	9.11
	101	東京海上フィナンシャルソリューションズ証券会社	商品取引受託業務を廃止	9.30
	102	CMCMARKETSJAPAN(株)	商品取引受託業務を廃止	11.30
2013年	103	(株)カカクコム・フィナンシャル	分割	1.21
	104	グローバル・フューチャーズ・アンド・フォレックス・リミテッド	商品取引受託業務を廃止	3.17

出典：日本商品先物取引協会「会員の異動・脱退」
（表は左から業者名、退会理由、日付）

この15年で、商品先物業者の団体である「日本商品先物取引協会」から退会した業者の一覧。とくに2005年以降が目立って多い。

日本の商品先物業者は

年	No.	社名	理由	日付
1999年	1	兵庫米穀(株)	受託業務を廃止	6.30
	2	(株)トーメン	受託業務を廃止	9.30
	3	兼松(株)	受託業務を廃止	9.30
	4	蚕糸周旋(株)	受託業務を廃止	12.28
2000年	5	大阪大石商事(株)	受託業務を廃止	7.31
	6	五味産業(株)	受託業務を廃止	8.29
2001年	7	大和物産(株)	受託業務を廃止	3.27
	8	大和産業(株)	受託業務を廃止	3.31
	9	(株)上毛	受託業務を廃止	5.31
	10	丸紅(株)	受託業務を廃止	9.28
2002年	11	杉山商事(株)	受託業務を廃止	12.10
	12	アイコム(株)	破産宣告を受けたため	12.5
	13	萬成プライムキャピタルフューチャーズ(株)	受託業務を廃止	2.28
	14	三晶実業(株)	受託業務を廃止	2.28
	15	大西商事(株)	受託業務を廃止	3.31
	16	土井商事(株)	受託業務を廃止	5.31
	17	日本生糸販売農業協同組合連合会	受託業務を廃止	6.14
2003年	18	共和証券(株)	受託業務を廃止	3.31
	19	東京中央食糧(株)	受託業務を廃止	5.30
	20	中村物産(株)	受託業務を廃止	10.6
	21	(株)ナカトラ	受託業務を廃止	12.24
2004年	22	東京ゼネラル(株)	日本商品先物取引協会の会員である資格を失ったため	1.13
	23	(株)パールエース	受託業務を廃止	3.30
	24	(株)三富商店	受託業務を廃止	5.31
	25	櫛田(株)	受託業務を廃止	7.31
	26	松村(株)	受託業務を廃止	9.30
2005年	27	双日(株)	受託業務を廃止	1.28
	28	(株)筒井商店	受託業務を廃止	3.31
	29	(株)三喜商会	受託業務を廃止	4.30
	30	丸村(株)	日本商品先物取引協会の会員である資格を失ったため	6.3
	31	(株)新日本貴志	日本商品先物取引協会の会員である資格を失ったため	6.10
	32	グローバリー(株)	商品取引受託業務を廃止	9.30
	33	(株)アスコップ	日本商品先物取引協会の会員である資格を失ったため	11.14
	34	西友商事(株)	商品取引受託業務を廃止	11.30
	35	(株)イトレン	商品取引受託業務を廃止	12.26
2006年	36	日本農産物(株)	商品取引受託業務を廃止	1.31
	37	石橋生絲(株)	商品取引受託業務を廃止	3.31
	38	(株)コーワフューチャーズ	商品取引受託業務を廃止	4.28
	39	MMGアローズ(株)	破産	5.1
	40	フェニックス証券(株)	商品取引受託業務を廃止	5.25
	41	(株)パンタ・レイ証券	商品取引受託業務を廃止	8.11
	42	メビウストレード(株)	商品取引受託業務を廃止	11.6
	43	山前商事(株)	商品取引受託業務を廃止	12.31
2007年	44	(株)アイメックス	破産	3.30
	45	北辰商品(株)	商品取引受託業務を北辰物産(株)に譲渡	4.16
	46	トリフォ(株)	破産	9.7
	47	ひまわりCX(株)	吸収分割	10.1
	48	日産センチュリー証券(株)	吸収分割	12.1
	49	日本アクロス(株)	解散	12.17
	50	ソシエテジェネラル証券会社	商品取引受託業務を廃止	12.28
2008年	51	アストマックス・フューチャーズ(株)	商品取引受託業務を廃止	1.11
	52	岡安証券(株)	商品取引受託業務を廃止	1.26
	53	(株)USSひまわり	商品取引受託業務を廃止	2.12
	54	日本ファースト証券(株)	破産	3.21
	55	(株)さくらフィナンシャルサービシズ	商品取引受託業務を廃止	3.31
	56	(株)ユニテックス	商品取引受託業務を廃止	4.21

山本　ありがとうございます。営業停止処分が断続的に続けば、商売はあがったりです。経営者としては「まだお金があるうちに会社を清算してしまえ」という判断にどうしてもなります。

田中　私も長年この業界にいますが、とにかく急に、我々を見る目が厳しくなった。役所の態度が豹変《ひょうへん》した。「今までは甘い目で見てきたけれども、もう放置しないぞ」という態度に出てきた。それが2005年だったと思います。

副島　廃業してゆく同業他社をご覧になっていて、どう思われましたか。社会に迷惑をかけるブラック企業なのだから当然と思うか、あるいは、かわいそうだと同情するか。

山本　半分、かわいそうだなあ、というところもあります。が、やはり時代の変化についていけなかったのが大きい。

副島　「時代の変化」というと?

山本　ひとことで言うと、消費者保護の掛け声です。消費者保護の機運というか、消費者を守る環境がどんどん法律で整備された。たとえば2005年の7月に「改正金融先物《きんゆうさきもの》取引法」が施行《しこう》されました。これは主にFX《エフエックス》（外国為替《がいこくかわせ》証拠金取引《しょうこきんとりひき》）を規制するためのものです。

副島　そこが実は重要な問題で、何でも「消費者保護」を大義名分にすればいいというものではない。この本でも説明しますが（P70）、アメリカの「ドッド＝フランク法」は「消費者を悪徳金融業者から守る」という名目だけで、金と銀、プラチナ、パラジウムの4つの貴金属《プレシャス・メタル》をアメリカ国民が自由に取引できなくさせる金融統制法です。まさしく統制のための法律です。私は、あなた方商品先物取引業者の肩を持ちます。個人の取引は本来的に自由であって、「これを買うな、あれを売るな」と国家が法律で統制してはならない。売買は自由です。

田中　そう思いますよ。率直に言いますが、消費者保護はお題目ですよ。証券会社だって、銀行だって、保険業だって、裁判沙汰はしょっちゅうある。なのに、なぜ我々商品先物の業界だけが、こうも狙われて痛めつけられるのか……。あまりにも急激に規制がかかってきた。

“狙い撃ち”された大手業者

佐藤　副島さんがお作りになった年表を拝見して、あえて言います。さっき、こちらのご同業の田中さんが「役所が狙い撃ちにした」とおっしゃいましたが、そのとおりだと私も思います。大きな玉《ぎょく》（契約の総数）を持っていた会社が狙われている。グローバリーがそうでしたし、オムニコなんて業界でいちばん建玉《たてぎょく》がありましたから。

田中　２０１２年に廃業したエイチ・エス・フューチャーズも、前身はオリエント貿易と言って、この業界ではいちばん支店が多くあった会社です。

佐藤　有名人、芸能人が関係する不祥事が公《おおやけ》になって、それに国家権力が「どれどれ」と絡《から》んできて取り締まるかたちです。グローバリーやオムニコが、その典型だったと思います。

山本　このあと、２００９年9月から民主党政権になって、もっと厳しい規制ができるように法律が改正されました。

副島　その前に２００７年から、あの「金商法《きんしょうほう》」（金融商品取引法）が施行《しこう》されましたよね。それまでは証券取引法（証取法《しょうとりほう》）が金融業界に睨《にら》みを利《き》かせていました。この証券取引（業）法の「証券」を「金融商品」という、より大きなコトバに拡大して、これで未公開株式や私募債《しぼさい》や金、銀などの貴金属、鉱物資源（コモディティ）までをすべてひっくるめて、まとめて一つの法律にした。それが今の金融商品取引法（略して金商法《きんしょうほう》）ですね。

山本　そうです。金商法で私たちの業界も完全にその管理下に置かれるようになりました。このとき、さきほどお話しした「改正金融先物《さきもの》取引法」も金商法《きんしょうほう》の中に吸収されてしまった。ところがこれとは別に、さらに2009年10月から、「改正商品取引所法《とりひきじょ》」が新たに施行されたのです。ビックリです。この商品取引所法で、私たちはしっかり絞《しぼ》られるようになった。これが民主党政権下での規制です。

佐藤　この法律の改正は3段階に分けて実施されたんですよ。2009年、2010年、2011年、と。最後には名前も、そのものズバリ「商品先物取引法」に変わりました。

田中　私たちの業界としては、この法改正がとどめを刺したに近かったですね。お客様にテレコール（電話での勧誘）で先物《さきもの》の取引を勧める場合、「損失限定取引《そんしつげんていとりひき》」しか認められなくなった。

副島　その「損失限定取引」について、ご説明ください。

田中　ごく分かりやすく言うと、「証拠金の金額以上の損失が出ない仕組み」のことです。お客が差し出した証拠金（担保金）の金額の損失までの範囲で取引を終わらせる、というものです。その分、証拠金の割合は高くなります。これを私たちの業界では「委託者《いたくしゃ》証拠金《しょうこきん》」と呼んでいます。

山本　損失限定取引では「ロスカット水準」というものが設定されます。たとえば金《きん》1枚、1グラムを4000円で買《か》い玉《ぎょく》を建てたとき、ロスカット水準はマイナス200円です。つまり4000円から3800円に下がった時点で自動的に「ロスカット取引」が発動して、取引が終わります。

副島　先物取引の金《きん》1枚は1キロのことですよね。すると山本さんが言った例では、1キロ400万円の金《きん》で、お客の側は20万円の損で済むわけですか。

山本　そういうことになります。もちろん、マーケットの状況によっては、まれにロスカット取引が成立しないケースもあります。ただし、そのときでも、商品取引所が定めた「ロスカット限度水準」という最終ラインがあって、そこで強制的に決済されてしまいます。

統合・再編された商品先物の取引所

東京商品取引所で取引開始の鐘を鳴らす江崎格《えざきただし》社長（左）。右は日本商品先物取引振興会の岡地和道《おかちかずみち》会長。（写真／時事）

佐藤　言い換えると、ロスカット限度水準まで値下がりしたところで、証拠金がなくなってしまって取引は終了です。お客様に追証《おいしょう》（追加の証拠金）を入れてもらって勝負を続けることができません。

副島　その損失限定取引での証拠金（委託者証拠金）は、いくらぐらいなのですか。

佐藤　そうですねえ……業者や約定《やくじょう》値段によっても変わりますが、金1枚（この場合は400万円）でしたら、だいたい50～60万円でしょうか。

田中　問題は、この損失限定取引で我々に手数料が入りにくくなったことと、新規のお客様に商品先物の営業がしにくくなったことです。だから旧組織と言いますか、古くからいた昔気質《むかしかたぎ》の営業の者たちが会社を見限って辞めてしまう。古くからの営業の社員が辞めると、新規の取引も減る。そうやって、この業界がどんどん先細りしました。

取引所からの圧力はあるのか

副島　去年までの東京工業品取引所から、東京商品取引所（東商取《とうしょうとり》）に組織替えして、何か変化はありましたか。財務官僚とかが取引所に天下ってきて、みなさんのような業者をギュウギュウ押さえつけているのではないか。

山本　今のところ、そういう圧力を感じたことはありません。これ以上、業者を減らしたら、本当に先物市場での売買自体がなくなってしまいますから。

田中　昔の「穀取《こくとり》」（東京穀物《こくもつ》商品取引所）が解散しました。それまでのコメ先物の建玉《たてぎょく》を、あっという間に大阪に移して、大阪堂島《どうじま》商品取引所という立派な名前になりました。名前だけはなんだか、古式《こしき》ゆかしい立派なものです。コメ以外の穀物は東商取に残りましたが、コーヒーは上場廃止です。あまりに取引量が少ないからです。だから今、東商取で取引されているのは、金、銀、プラチナなどの貴金属類と、石油、ゴム、それから農産物になりました。

山本　農産物とは、大豆《だいず》、小豆《あずき》、トウモロコシ、砂糖のことです。

> **東商取が発足　農産品、初日売買高2割増　参加者の拡大課題**
>
> 金などの工業品から大豆など農産品まで幅広い商品を上場する総合商品取引所「東京商品取引所（東商取）」と、国内唯一のコメ先物を上場する「大阪堂島商品取引所」が2月12日、発足した。初日は東商取の農産品の売買高が東穀取時代の1月平均比2割増えるなど順調な滑り出しとなった。
>
> （日本経済新聞　2013年2月13日）

副島　昔は卵とか生糸《きいと》も上場して、取引していましたよね。

佐藤　懐かしいですねえ。生糸に綿糸《めんし》、野菜やブロイラーも矢継ぎ早に上場した時代がありました。私は穀物の取引が好きだったんです。昔の穀物は板寄《いたよ》せ（時間を決めての取引）でした。

副島　取引時間内ならいつでも注文が出せる「ザラバ」ではなかった。

佐藤　はい。昔は板寄せでした。今は商品であれ株式であれ、取引は大半がザラバですよね。

副島　英語ではザラバのことを「オープン・アウトクライ」open outcry と言います。取引所で、立会人（場立《ばた》ち）が大声で売買注文を出すことから来ています。

田中　穀取《こくとり》の失敗（取引所が吸収合併されて消えた）は、穀物を板寄せから、金《きん》と同じようなザラバに変えてしまったことだと思います。穀物には板寄せが合っていたのです。私の先輩も、「板寄せはなくすな。ザラバにしたらロクなことはない」と言っていた。でも、時代の流れで結局はザラバ方式になってしまいました。

佐藤　穀物はかつて、大衆に人気があったんですよ。しかし、板寄せファンからすれば、ザラバは魅力がない。

山本　昔は逆に、金《きん》はザラバであっても値段が動きませんでした。それこそ、10円動いたら大変なことでした。懐かしい話です。不思議な気がしますが、商品先物業界の衰退が始まったのと軌《き》を一《いつ》にしたように、その後金《きん》の相場が上がっていった。

佐藤　と言うよりも、商社系が生糸や綿糸に手を出さなくなって、みんなが金《きん》に向かっていった。金、金、金、と流れができていった気がしますね。

副島　株式でも、1990年を境にして国内の仕手《して》（株）筋《すじ》が全滅しました。ソロモン・ブラザーズやメリルリンチ、ゴールドマン・サックスなどの〝世界仕手筋〟が日本の金融市場を動かすようになりました。「突如、世界が出現した」という感じですかね。彼らの荒らし方がひどい。商品先物業者でも、伝統的に金《きん》に強い会社はあるのでしょう。

山本　第一商品《だいいちしょうひん》さんがそうですね。あそこはずっと金を主力にやっています。他社の宣伝になるので気がひけますが、「金投資なら第一商品」がキャッチフレーズです。

副島　営業基盤として、自分で金《きん》の現物《げんぶつ》の在庫を持っているわけですか。

佐藤　そうですね。現物の在庫量は、たぶん田中貴金属さんの次に多いと思いますよ。それどころか、田中貴金属がお客様から大量の注文を受けたとき、対応できなくて「何十キロ単位のご購入でしたら第一商品に行ってくれませんか」と紹介する、という噂も聞いたことがあります。

田中　第一商品は戦略が上手です。テレビCMもジャンジャン流しますし、十数年前から顧客向けのセミナーをやっていた。つまり営業部員がお客様を〝攻める〟のではなく、セミナー会場に足を運んだ人に「いかがですか」と勧める。そうすると、お客様とのトラブルを回避できるし、セミナー来場者の名簿が溜《た》まっていく。

山本　タイミングもよかったですよね。金《きん》の上げ潮にうまく乗っていった。

副島　私も10年前は、第一商品に講演で呼ばれていました。今はとんと誘いがかからない。今も盆暮れに社長名で、とらやの羊羹《ようかん》が贈られてきます（笑）。私はちょうど10年前から（2003年から）、本や講演で「株や債券のペーパー・マネーは大きく減価《げんか》する。だから実物資産《じつぶつ》に換えなさい。金《きん》こそは実物資産《タンジブル・アセット》（タンジブル・アセット　tangible asset）の王様だ」と力説してきました。だから今では〝金買《きんか》え評論家〟の異名をいただいている。金の上げ潮ブームに私も一役買った。

佐藤　「副島隆彦先生の本を読んで、金投資に興味を持った」というお客様はたくさんいらっしゃいますよ。

新しい証拠金制度はアメリカ製

副島　さらにうかがいますが、小金持ちのお客たちは今、どんな取引をやっているのですか。証拠金の制度が変わりましたよね。

山本　２０１１年から「ＳＰＡＮ《スパン》制度」が導入されました。証拠金の金額が半月に一度、動く仕組みです。

副島　取引がすごく複雑になりました。「ＳＰＡＮ」とはStandard《スタンダード》 Portfolio《ポートフォリオ》 Analysis《アナリシス》 of《オブ》 Risk《リスク》のことで、シカゴ・マーカンタイル取引所（ＣＭＥ《シーエムイー》）が開発した計算式です。東商取が、ついにアメリカの方式を取り入れてしまった。と言うよりも、商品市場でも明らかにアメリカによる日本乗っ取り、日本占領が進んでいる。

何でもかんでもアメリカ様《さま》の言うとおり。「右に倣《なら》え」「強いものに従え」が役人（官僚）たちの卑しい根性です。２０１１年に大阪証券取引所（大証《だいしょう》）がＣＭＥグループ（シカゴ・マーカンタイル取引所とニューヨーク・マーカンタイル取引所を従える世界最大のデリバティブ取引所）の系列になり、子会社になってからです。東商取も危ないですね。

田中　大証は今年から東京証券取引所と経営統合しました。これで東証《とうしょう》と大証は、「日本取引所グループ」という持ち株会社の傘下に入ったかたちになった。私たち商品先物業界の取引所である東商取の組織替えと同じで、野村證券などの証券の世界でも取引所の統合が進んでいます。そして東商取も東証も大証も、シカゴのＣＭＥが開発した制度を取り入れた。副島さんがおっしゃるとおり、これはアメリカによる日本乗っ取りです。

副島　そのアメリカ式の「ＳＰＡＮ《スパン》制度」を、読者に簡単に説明していただけませんか。

山本　「お客様のポジション全体のリスクの大きさを測って、必要な証拠金が決まる制度」と言えば、少しは分かるかな。

副島　う～ん。

佐藤　たとえば金《きん》でしたら、5月前半の証拠金は19万8000円です。これを「プライス・スキャン・レンジ」（PSR《ピーエスアール》）と言うのですが、1カ月前の4月は、証拠金はなんと9万円でした。このときは金の値動きが荒かった、つまり取引のリスク（バクチの危険度）が大きくなった。だからPSRを20万円近くにまで引き上げた。

山本　PSR《ピーエスアール》は「JCCH《ジェイシーシーエイチ》」が決めます。

副島　JCCHとは「日本商品清算機構」Japan《ジャパン》 Commodity《コモディティ》 Clearing《クリアリング》 House《ハウス》のことですね。今の社長の吉田高明《よしだたかあき》氏は経産省からの天下りです。国債や株式の証券取引でも、今ではこういう清算機関が決済の処理をしている。株券も自由に取り出せなくなって、ついには株券を発行することさえなくなりつつある。全部、役人が管理している。本当にふざけた制度です。こういうのを本当に〝制度の進化、進歩〟と言うのでしょうかね。私は、金融資本主義自体が自分で自分の首を絞《し》めて、絞め殺そうとしているようにしか思えない。どうも、米、欧、日の資本主義そのものが雁字搦《がんじがら》めになって、崩壊、自壊しつつある動きに思えてなりません。

田中　私もそのとおりだと思います。JCCHもSPANと同じで、やはりアメリカの「クリアリング・ハウス」をモデルにしている。我々がお客様から預かったお金は、全部JCCHに入っています。

副島　JCCHは、すぐに証拠金を上げたり下げたりしますよね。

山本　それはそれでしょうがないと思うんですけど。

佐藤　お客様にとっては証拠金は担保ですから、厚いほうが楽だと思いますよ。安心して先物取引ができる。その反面、業者には手数料が落ちづらくなりました。4月には9万円の証拠金で金《きん》1枚分の手数料をいただけたのです。ところが5月に入ったら19万8000円ですから。

副島　SPAN制度に変わったことで、業界に何か影響が出ていますか。

佐藤　解釈の仕方によりますね。ＳＰＡＮ制度に従って動いていれば、各社が独自のルールを設計してよいことになっています。証拠金（ＰＳＲ）以外に必要な額も、それぞれ異なるのですが……。

山本　その会社にとっての必要な証拠金という考え方で、ＰＳＲ《ピーエスアール》の１・２倍から１・５倍くらいがトータルで必要になります。

佐藤　ただし、両建《りょうだ》て（同時に売りと買いの両方の建《たて》玉《ぎょく》を建てること）すると、証拠金はほとんどいらないことになる。これを「完全ＳＰＡＮ」と言うのですが、同じ枚数で両建てすると、売りと買い、それぞれの証拠金が互いに相殺《そうさい》されるかたちになるからです。たとえば金《きん》３枚、両建てにすると、昔なら６枚分の証拠金が必要でした。それがＳＰＡＮのルールなら、証拠金がいらなくなる。もちろん、手数料と両建てのための証拠金は必要ですが。

田中　昔に比べれば、お客様は楽になった。私たち取引員も同様です。ただし、取引員がお客様に「完全両建て」を勧めるのは違法とされている。「同一商品を同一枚数、同一限月《げんげつ》で建てましょう」と言うのは法律的に禁止です。「商品先物業者の手数料稼ぎだ。サヤ取りだ」と。

佐藤　限月が違えばいいのです。

田中　ＦＸ取引は両建てが認められている。それなのに、商品取引だけ完全両建ては違法というのは、正直なところ納得がいきません。

佐藤　そのへんが、私の言った「解釈の仕方」なんです。お客様の安全性、利便性をとるか、業界の利益をとるか。

山本　今はお客様も副島先生の本を読んだりして、いろいろなところで勉強されていますから、ご自分の投資方針がしっかりしている。

田中　と言うか、安全志向が強まった。昔は商品の値段が上がったら、お客様もイケイケでついてきた。でも今は、値上がりしたらすぐに利食《りぐ》って、また利食ってで……結局、取引量が減っています。

副島　取引の途中で、利益を確定させようとするのですね。
田中　そうです。我々取引員のほうも、だんだんそうなっています。昔のようにイケイケでやっていると、いつかドーン！　と急落がある。この「ドーン」が怖い。だから取引員側もお客様に「そろそろどうですか？　一部、利食ってみては」などと勧める。明らかに商《あきな》いの仕方が変わったと思います。
副島　話を戻しますと、東商取の受託取引参加者の資格を持っている商品先物業者が激減している。今はわずかに20社ですね。5年前は37社あった。
田中　今の日本の商品取引所はホントに寂しいですよ。もうちょっと、大衆に開放してもらわないとダメだと思います。
山本　アメリカのように、業者とファンドががっぷり四つで取り組めるのならいいのですが。日本の場合、一時期〝商品ファンド〟が立ち上がったのですが、結局残りませんでした。
佐藤　手数料の安いネット取引専門の業者が出てきていますが、業界全体としては盛り上がっていません。
副島　私は、私の本の読者に「先物取引はプロのバクチ打ちたちの世界だから、金《きん》を先物で買うとしても現《げん》物《ぶつ》引き受けできるようにしなさい。危険な世界に手を出すべきではない」と助言してきました。それでも、商品先物業界が先細りするということは、庶民が金《きん》を買う機会を大きく奪うことになる。やがて商品先物取引の世界は、業者間の取引だけにさせられてしまって、一般のお客が参加できないようになるのではないかと私は危惧《きぐ》しています。まさしく当局（官僚、役人）による「金《きん》（貴金属）の個人取引禁止」の事態になる。それが、じわじわと迫り来る金融統制、統制経済の恐ろしさだ。今日はお集まりいただき、貴重なお話をお聞かせいただいて、どうもありがとうございます。

4章

世界が「現物《げんぶつ》」で金《きん》に買い向かう

NYの金融バクチ打ちvs新興5大国《BRICS》が激突した

今、金《きん》は1グラム4052円である（東商取の先物《さきもの》価格。6月25日現在）。4月12日からの金の急落は16日に下げ止まった。翌17日には東商取でも4300円台に復帰した。新聞は「金価格が暴落」などと書いたが、これぐらいでは暴落と呼べない。4000円割れはなかった。同時にNYでの1320ドル割れはなかった。それでも、まだこれからもアメリカ政府（その手先がゴールドマン・サックス社）は金《きん》の暴落を仕組むようだ。

金価格の急落が、わずか4日間（日曜を挟《はさ》んだから3営業日）で終わったのは、ひと言で言うとインドと中国の小金持ちたちが、一気に現物で金に買いを入れたからだ。中国の中央銀行も世界各地で金《きん》を買い向かったようだ。これにP40以下で見たとおり、日本のお年寄りたちが「預金を下ろして金《きん》の現物《げんぶつ》を買う動き」に出たことが加わった。このように「新興国と先進国の小金持ち（資産家層）による金買《きんが》い」が、世界中で金の価格を支えている。

だからいくらNYの先物市場（COMEX《コメックス》）でゴールドマン・サックスたちが金の暴落を仕組んでも、現物市場がその策略を打ち破ってゆく。「金の値下がりはもう〝底打ち〟したようだ」と判断した人たちが、（アジア時間の）4月16日に、世界中で一斉に金を買いに走ったのである。

アメリカとヨーロッパの資産家たちは、前述したとおり金貨《きんか》（ゴールド・ブリオン・コイン）買いに殺到した。金貨1枚は今16万円（1オンス1400ドル）ぐらいだから、10枚ぐらいはすぐに買える。アメリカ政府（財務省造幣局）が発行するイーグル金貨の2013年4月中の販売量は、前年同月比で10倍に急激に

世界各国別の金《きん》保有量（2013年３月現在）

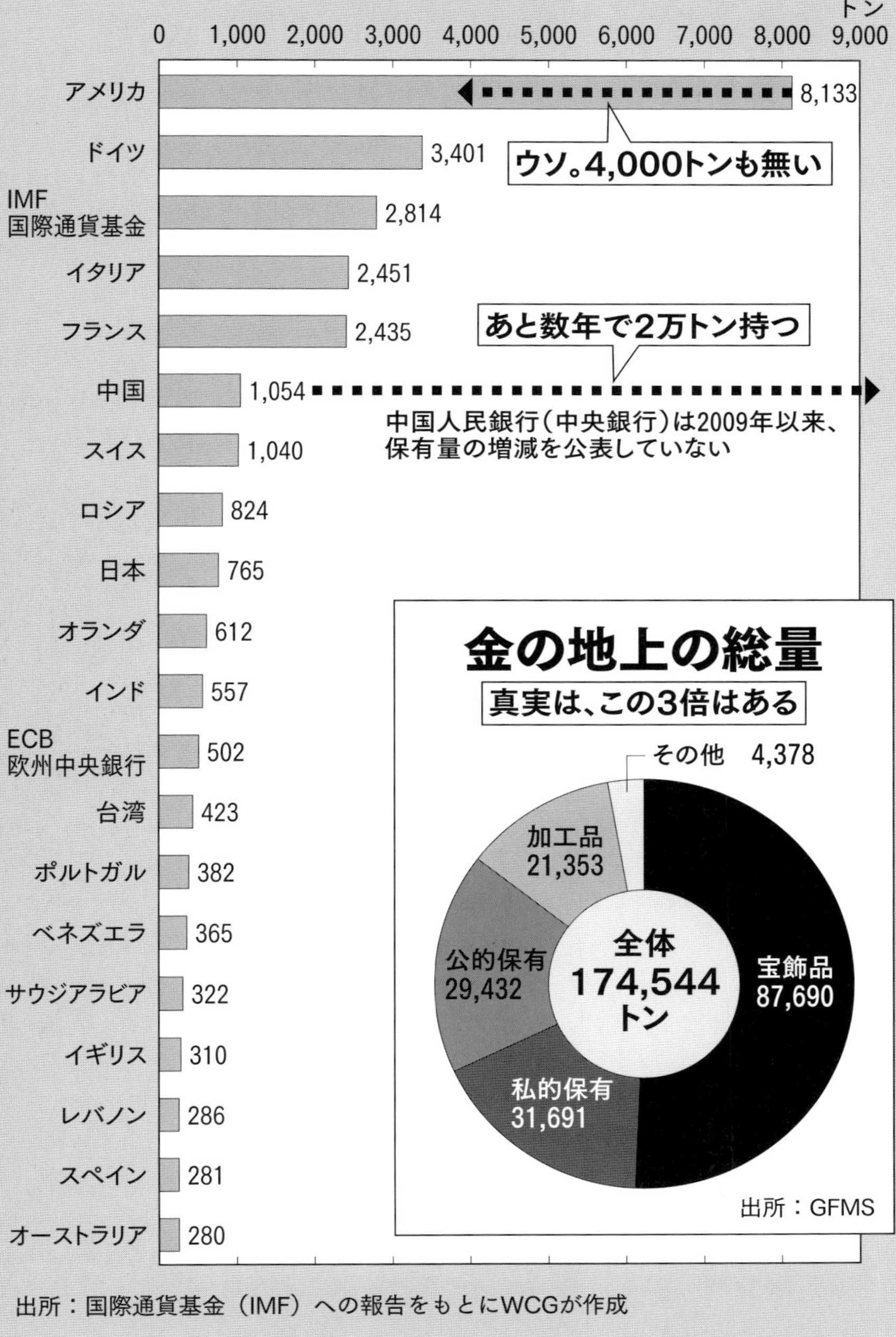

トン
0
1,000
2,000
3,000
4,000
5,000
6,000
7,000
8,000
9,000
アメリカ 8,133
ドイツ 3,401
IMF 国際通貨基金 2,814
イタリア 2,451
フランス 2,435
中国 1,054
スイス 1,040
ロシア 824
日本 765
オランダ 612
インド 557
ECB 欧州中央銀行 502
台湾 423
ポルトガル 382
ベネズエラ 365
サウジアラビア 322
イギリス 310
レバノン 286
スペイン 281
オーストラリア 280
ウソ。4,000トンも無い
あと数年で2万トン持つ
中国人民銀行（中央銀行）は2009年以来、
保有量の増減を公表していない
金の地上の総量
真実は、この3倍はある
その他　4,378
加工品 21,353
公的保有 29,432
私的保有 31,691
宝飾品 87,690
全体 174,544 トン
出所：GFMS

出所：国際通貨基金（IMF）への報告をもとにWCGが作成

増加した。

　４月の金の売り崩しを仕掛けたのは、やはりゴールドマン・サックスとＮＹのヘッジファンドたちだ。

ＧＳ《ゴールドマン・サックス》はアメリカ政府（財務省）の意図に忠実に動く。ＧＳは４月10日にレポートを発表して、「金は１オンス１３９０ドルまで下がるだろう」と、金《きん》の取引市場での予想価格を急に変更した。この直後から、この発表を合図（号令）にして金は急落した。以下にその記事を載せる。


ゴールドマン、金価格見通しを引き下げ――サイクルの転換加速

　米ゴールドマン・サックス・グループは２０１４年にかけての金相場《きんそうば》の見通しを引き下げた。米景気回復の勢いが増し、金相場サイクルの転換が加速していると指摘した。金相場は12年連続で上昇していた。

　ゴールドマンは金《きん》相場の３カ月間の見通しを１オンス当たり１５３０ドルと、これまでの１６１５ドルから下方修正。今後の半年間の見通しは１６００ドルから１４９０ドルに、これからの１年間の見通しでは１５５０ドルから１３９０ドルに、それぞれ引き下げた。

　アナリストのダミアン・クールベイリン氏とジェフリー・カリー氏は４月10日のリポートで、２０１０年10月11日に１オンス（31グラム）２１９ドルもの大きな上昇の可能性を見込んで推奨してきたニューヨーク商業取引所（ＮＹＭＥＸ《ナイメックス》）ＣＯＭＥＸ《コメックス》部門の金《きん》のロングポジション（買い持ち）を手じまうよう客たちに勧めた。……金《きん》ＥＴＦ《イーティーエフ》（金の上場投資信託）としては最大の「ＳＰＤＲ《スパイダー》ゴールド・トラスト」を通じた金《きん》保有量は、４月９日、約１２００トンと２０１１年６月以来の低水準に減少した。

（ブルームバーグ　２０１３年４月10日。

傍点と注記は引用者）

　この記事にあるとおり、ゴールドマンたちは金《きん》の急

金《きん》ETF《イーテイーエフ》（NY）の残高と1オンスあたりの国際金価格の推移

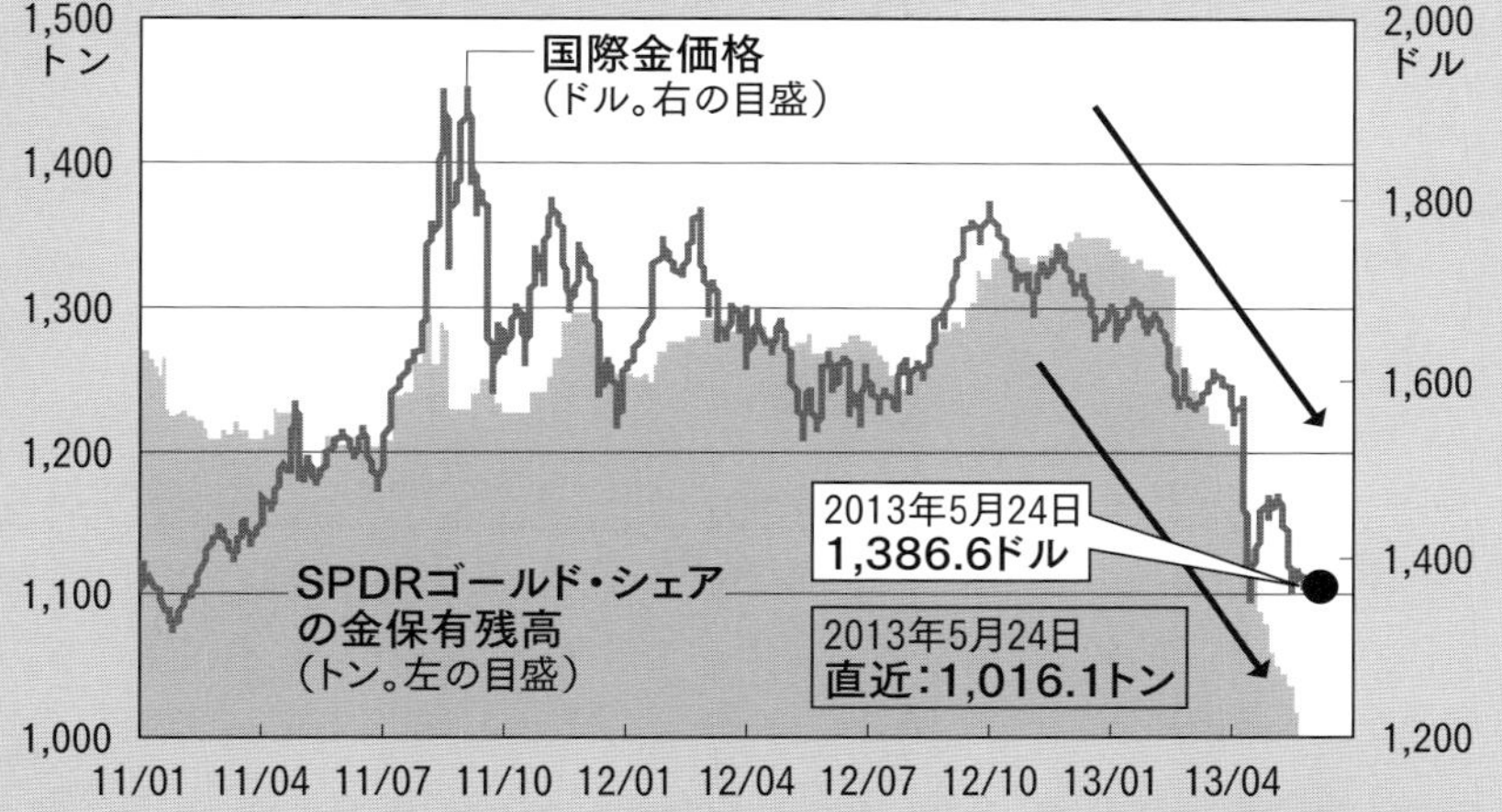

1,500 トン
1,400
1,300
1,200
1,100
1,000
2,000 ドル
1,800
1,600
1,400
1,200
国際金価格
（ドル。右の目盛）
SPDRゴールド・シェアの金保有残高
（トン。左の目盛）
2013年5月24日
1,386.6ドル
2013年5月24日
直近：1,016.1トン
11/01
11/04
11/07
11/10
12/01
12/04
12/07
12/10
13/01
13/04

出典：SPDRゴールド・シェアのデータとCOMEX期近値から副島が作成

落を自分たち自身で仕掛けた。この記事の中にあるSPDR（スパイダー・ゴールド・トラスト。「スパイダー・ゴールド・シェア」の名前のほうが一般には通用している）という仕組みを使って、金《きん》の先物の売り崩しを図った。

SPDRゴールド・シェアというのは、2004年11月18日にNYSE《ナイス》（ニューヨーク証券取引所）に上場した「金《きん》ETF《イーティーエフ》」（金価格に連動するExchange《エクスチエンジ》-Traded《トレイデッド》 Funds《ファンド》 上場投資信託）のことだ。ETFという名だが、株式と同じように誰でも取引（売り買い）できる。東京証券取引所にも上場している。この本では金ETFの穢《きたな》いあれこれの手口のことは説明しない。

この金ETFというのはインチキ商品である。〝ペーパー・ゴールド〟と言って、紙切れの金《きん》を取引する。1985年に日本で豊田《とよだ》商事事件という有名な詐《さ》欺《ぎ》事件が起きた。記憶にある人も多いことだろう。豊田商事という詐欺会社は「純金ファミリー契約証券」

という名前の「金《きん》（にいつでも交換できる）証券」を、主に全国の老人たちに売って詐欺を働いた。この金証券は金《きん》とは交換しなかった。金の現物《げんぶつ》は渡さなかった。

今の金ＥＴＦはこれと同じ詐欺商品だ。このスパイダーで金を売り買いしても、絶対に現物の金には交換してくれない。「ニューヨークまで取りに来なさい」と言う。だから金の現物を手にすることができない。このことだけは断言しておこう。ＳＰＤＲは金を売り崩すためにつくられた特殊な〝装置〟なのである。

ＮＹにあるスパイダー社には、もともと１００トンの金《きん》の地金《じがね》（現物）もなかった。それなのに１４００トンの金を持ち、今現在（5月）も１０００トン持っている、というふりをしている。そしてこの１０００トンの蔵敷《くらし》きの保証金を元手にして、レバレッジ（投資倍率）１００倍とかの「金証券《きんしようけん》」を株式類似（これがＥＴＦ）として、貸し株のようにして金の売り崩し用に貸し出してきたのだ。１００万円の元手で、１００倍の1億円分の金《きん》を借りて、それを先物で売るのだ。

だからこのスパイダー社の金《きん》の準備《リザーブ》（保有）が、１０００トンどころか１００トンもないことが露見して、今、アメリカ政府（ＳＥＣ《エスイーシー》＝米証券取引委員会とＣＦＴＣ《シーエフティーシー》＝米商品先物取引委員会）が慌《あわ》てふためいている。裏から密《ひそ》かに、スパイダー社に対してアメリカ政府が保有する金《きん》の地金《じがね》を現金輸送車で持ち込んでいる。すでに４００トンぐらいの金をスパイダー社に運び込んだようだ。

スパイダー社の「ペーパー・ゴールド」（紙切れの金）は流出（客からの換金要求のため）が相次いで、危機に瀕《ひん》している。〝取り付け騒ぎ〟が死ぬほど怖いのだ。

まだ金《きん》の売り崩しを狙う者たち

彼らＮＹの金融ユダヤ人たちは、4月12日には予定どおり「金《きん》の空売《からう》り」で大きな収益を出したろう。Ｃ

こんなに金《きん》を持っているのか？

SPDR（スパイダー）社がウエブサイトで公開していた「お客様からお預かりしている金」の写真。スパイダー社は1400トンの金を保有し、今現在も1000トン持っている、としているが、本当の金準備（リザーブ）は100トンもないだろう。

ＯＭＥＸという商品先物取引市場で大量の（３００トン、１・５兆円分とかの）「売り崩し」を仕掛けたようだ。そして１オンス（31グラム）で２００ドルの急落相場をつくった。そして前に示した１３９０ドルというゴールドマンの急落の「予想価格」の目標をピタリと達成した。

ところが、４月16日には、早くも世界中から反撃の火の手が上がった。ＢＲＩＣＳ諸国が、この仕組まれた金《きん》の急落に対して**「買いで立ち向かった」**のである。

暴落させるために、３カ月とか半年とかの先物で金の「売り」を建《た》てた場合は、値段の下落局面で急落した値段での「買い戻し」のヘッジを入れる。そうすることで「差金決済」arbitrage《アービトレージ》で大儲けすることができる。ゴールドマンの大号令とともに、アメリカのヘッジファンドたちが一斉に動いて、下落するであろう予想価格を見越して売り（ショート・ポジション）を仕掛けて大儲けした。そして彼らＮＹの金融バクチ打ちたちは、いったんは４月16日に手じまいしたはずである。

　ところが、それでも、今（6月）でもまだ、異常な値段である1オンス１２００ドル台割れ（１１００ドル台の出現）を目指して「売り」のポジションを建てている業者たちがいる。これがシコリ玉《だま》になって今もかなり残っているらしい。

　私が最新で得た情報では、これから半年先の２０１４年2月限《ぎり》（限月《げんげつ》のこと。Ｐ26を参照）で、1オンス１２００ドル台（割れ）の売りを仕掛けている玉《ぎょく》（ポジション）が、まだまだＮＹにたくさんあるそうだ。彼らと新興国のＢＲＩＣＳ連合との次の戦いが、まだまだこれから起きる。そしてＢＲＩＣＳが勝って、金の暴落を阻止するだろう。

「国際金融バクチ打ち」の敗北

　レバレッジ（投資倍率）を何十倍も掛けて、金《きん》を売り崩して儲けを出そうというのは「国際バクチ打ち」たちのやることだ。アメリカ政府の深い意向を受けた連中である。彼らは、懲《こ》りることなくこういう荒っぽいことをこれからも続ける。だから、1オンス１２００ドル割れの金《きん》の売り崩しを狙っている連中は、手じまい（買い戻し。ポジションの解消《かいしょう》）をしないで抵抗している。

　私は、彼らは大損すると思う。彼らは「ショート・マネー」（超短期の数日以内）でクイック（急速）に動いて、世界中の各種の金融市場を荒らし回るのが専門だ。自分たち自身の弾丸（ホット・マネー）を何カ月も1カ所に固着《こちゃく》するのは愚《ぐ》の骨頂《こっちょう》である。我慢できるはずがない。彼らの資金繰りのお尻に火がつく。

　株の世界で言う「しこり玉《ぎょく》」（「しこり」とも言う。彼らの損が大きく膨《ふく》らんで塩漬け状態になること）を抱えたまま、相場の「踏《ふ》み上《あ》げ」を食らって、大損を出す。金の値段が急上昇して〝投げ売り〟が起きて、売りポジションの建玉《たてぎょく》を買い戻す動きに出る。金はこの後、さらに大きく値上がりするだろう。

アベノミクスの化《ば》けの皮が剥《は》がれた
5月23日からの日経平均大暴落

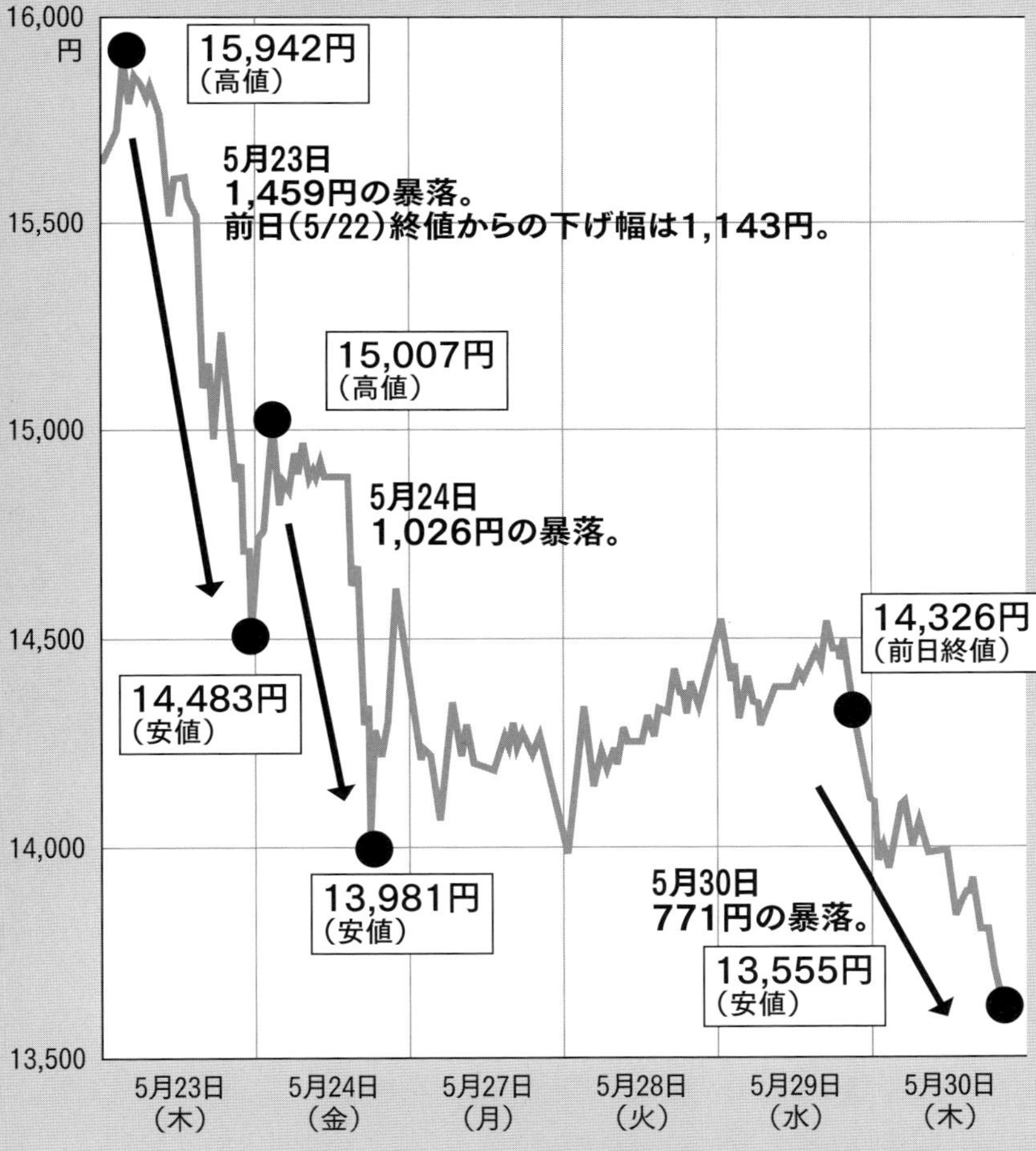
16,000円
15,500
15,000
14,500
14,000
13,500
15,942円（高値）
5月23日
1,459円の暴落。
前日（5/22）終値からの下げ幅は1,143円。
15,007円（高値）
5月24日
1,026円の暴落。
14,483円（安値）
13,981円（安値）
14,326円（前日終値）
5月30日
771円の暴落。
13,555円（安値）
5月23日（木）
5月24日（金）
5月27日（月）
5月28日（火）
5月29日（水）
5月30日（木）

出所：日経平均プロフィル他から作成

安倍晋三政権の金融政策は、「黒田バズーカ」（異次元の金融緩和）のジャブジャブ・マネーで景気を空吹かししてきた。5月23日からの株価の暴落で、それがインチキだったことが露呈した。

金は「現《げん》物《ぶつ》」で持つ者が勝つ。急いで買いなさい

私は、今の世界の金融市場の大きな変調と、異常な乱高下《らんこうげ》を心配している。世界規模での金融恐慌への突入が迫っていると考えている。

私は日本の金融評論家たちの中で、今の世界の現実と未来に対して、いちばん冷酷で厳しい見方をしてきた。この私でさえ「この秋まではヨーロッパの金融は崩れないだろう。金融危機は再発しないだろう」と考えていた。ところが、この3月18日に、キプロス（人口90万人の小国。それでもユーロ圏《ゾーン》17カ国のひとつ）が預金封鎖《よきんふうさ》すなわち**銀行預金の引き出し凍結、そして預金への一律での強制課税**という金融危機を起こした。そしてこのことを満天下に示し、世界中に露呈させた。

そして5月23日に、東京の株式市場で前日比１１４8円という株価の急落が起きた。ジャブジャブ・マネー（日銀の異次元金融緩和）で空吹《からぶ》かししてきた「アベノミクス」の、インチキの化《ば》けの皮が剥《は》がれだした（前ページに日経平均の急落ぶりをグラフで示した）。

世界金融恐慌は始まっている

キプロスでは銀行の前に人があふれる「取り付け騒ぎ」（bank-run バンク・ラン）が起きた。この「取り付け」のことをthe《ザ》 run《ラン》 on《オン》 the《ザ》 bank《バンク》とも言う。これが起きてしまった。現在もなおキプロスでは、銀行預金はほとんど引き下ろせない。1日あたり一人３００ユーロ（3万９０００円）だけだ。まさしく預金封鎖である。

だから今もヨーロッパ人たちは、各国で、どんどん自分の預金を銀行から引き下ろす動きに出ている。こ

これがキプロスの銀行の取り付け騒ぎだ

今年３月18日、キプロスで預金封鎖が断行された。血相を変えて銀行に押し寄せる預金者たち。（写真／EPA＝時事）

のことは日本国内ではほとんど報道されない。キプロスでは、銀行に行っても自分の預金を下ろせなくなって怒った人が、銀行の建物にブルドーザーで体当たりで突っ込んだ。だから、すでに世界金融恐慌は始まっているのだ。

4月の金《きん》（ゴールド）の価格の急落は、金の先物《さきもの》市場（NYのCOMEX《コメックス》市場）で乱高下《らんこうげ》がたった3日間だけ、起きただけだった。この3日間で金の値段が乱高下したものだから、日本の金融バクチ打ち（目先の金儲けに走る投資家たち）の間では、レバレッジ（投資倍率）が20倍ぐらい掛かっているから、金《きん》が反騰《はんとう》してポジション解消の「投げ売り」や、強制的なロスカット（証拠金の没収）をさせられた。あるいは、追《おい》証《しょう》という追加の担保金《たんぽきん》（保証金、証拠金）の提出・増額を先物業者から求められて慌てた。追証を払えない人は強制的に取引終了にされて、担保金を取り上げられる。

それでも、4月16日の金《きん》市場（相場）の最後の場面で下落は食《く》い止まった。前述したとおり、「今こそ金《きん》を買おう」と金ショップに殺到した賢い人々が出たからだ。日本でも同じことが起きた。金は1グラム4338円（東商取の終値《おわりね》。NYなら1オンス1370ドル）に戻して、ひとまず「底打ち」した。とりあえず、もうこれ以上は金《きん》は値下がりしないで、食い止まって反転＝反騰《はんとう》したのである。

なぜ底値で着実に買えたのか

日本では4月に金1グラムあたり、卸価格（東商《とうしょう》取《とり》）で4200円台から4800円台まで、600円もの幅の乱高下が起きた。ここでプロフェッショナルやセミプロのバクチ打ちたちは大慌てでした。女性でも、一生この金融バクチが止められない人たちがいる。どうぞ一生、十分に気をつけて、お好きなことなのですからこのまま続けてください。

そして、もっと規模の大きい金融投資法人のファンド・マネージャーたちは、この乱高下でもっと胆《きも》を冷やした。予想を超える大きな損を出したら自分が会社をクビになる。だから彼らは必死の形相でのたうちまわったはずだ。4月4日に黒田《くろだ》東彦《はるひこ》日銀新総裁が「異次元の超金融緩和」を発表した日と、次の5日に、国債《ナショナル・ボンド》を中心とする債券市場《ボンド・マーケット》で激しい乱高下があったので、一人あたり1兆円とかを年金基金などからの委託で運用資金として扱っているファンド・マネージャーたちは、本当に生きた心地がしなくて心臓発作で死にそうだった。

ところが、副島隆彦の言うことをよく聞いて、静かに現物《げんぶつ》で金《きん》を買っている人たちは、私が前の本でも書いたとおり、「金が1グラム4600円ぐらいに下がったら、さらに買い足しなさい。下がったら買う、暴落したら買い増すという姿勢で、金《きん》を保有しなさい」の助言を忠実に守った。そして4月の金価格の乱高下でも平静を保って市場を見ていられた。そして、ここぞという底値のときに金《きん》の現物を買い増していった。これからもそうしてください。

アメリカ政府は、米ドル紙幣と米国債《べいこくさい》の無制限の刷り散らしをやっている。それでドルの信用の大下落（信用崩壊《しんようほうかい》）がどうしても起きそうである。それを必死で防御するために、不倶戴天の敵である金《きん》を苛《いじ》めて大暴落を仕掛けたのだ。それでも4月15日につけた1オンス（31グラム）１３２１ドル（瞬間の最安値）が限度だった。このあと再度、金を痛めつけて１２００ドル割れまで下落させようとしても、なかなか思うようにはゆかない。まだ今も世界権力者《ヘジェモニック・ステイト》であるアメリカの力をもってしても、金をこれ以上打ち負かし、暴落させることは至難の業《わざ》なのである。

日本のタンス預金勢力も強い

やはり、新興5大国を構成するインド、中国、ブラジル、ロシア、南アフリカの小金持ちたちが、1オンス１４００ドル以下になると、どんどん金を現物（実物）で買ってくる。今も成長国家群である彼らＢＲＩＣＳ《ブリックス》と、米・欧・日の三つの先進国（歴史の運命、必然としてどうしても衰退国家群である）との重要な闘いの場である。

そしてこの闘いは、成長国家群であるＢＲＩＣＳがどうせ勝つ。先進国である米・欧・日は、もう歴史的に成長が止まっているから勝てないのだ。米・欧・日の先進国が「成長にさらに成長を付け加える」と、意地でもさらなる成長をつくってみせる、と頑張ってみても、おそらくそれは無理である。人間の身長と同じで、成長が止まったらもうそれ以上は伸びないのだ。大人の身長を3センチ伸ばすことなど不可能だ。だから先進国がインチキの金融政策《マネタリー・ポリシー》一点張りで、これがアメリカでは「ＱＥ３《キューイースリー》」で日本では「アベノミクス」という政策なのだが、これをいくらやってみても成長はつくれない。それは人類を支配する歴史の法則に反する。

以下の記事のとおり、やはり中国人が金《きん》の現物買いに殺到した。この金買《きんが》いの動きは、6月の今も続いている。金《きん》1オンスが1500ドル台より下では、まだまだ金を現物で買おうとする動きが世界中で止まらない。だから4月にNYで、ゴールドマン・サックス（アメリカ政府の別働隊）らによる金《きん》の暴落・売り崩し（COMEXの先物とNYSEのスパイダー・ゴールド・シェアを使った）の計略は失敗させられた。このように私は断言する。

ゴールデン・ウイーク、中国人が「金目当て」で香港に殺到

中国でも2013年4月29日から5月1日のメーデーまでが連休だ。日本と同様にゴールデン・ウイーク（黄金周）と呼ばれている。今年は香港に押しかける旅行者が激増した。4月10日に国際的な金価格が暴落したためだ。香港の貴金属店には中国大陸部から来た人が大挙して押し寄せている。中国新聞社などが報じた。

貴金属店には開店前から行列ができた。多くは中国大陸部からの人だ。数万元《げん》から十数万元（10万元《げん》は約160万円）と、大金を使うことが特徴だ。4月10日の金価格暴落から10日以内に、中国人が購入した金《きん》は、全地球における金の年間生産量の10％に相当する300トンと推定される。その後、ニューヨークで金《きん》価格が持ち直したのは、「中国人による金の需要」による要素が大きいようだ。このあと、金価格が再上昇しているにもかかわらず、それでも中国人が「金目《きんめ》当て」で香港に殺到する〝ゴールド・ラッシュ〟は衰えを見せていない。

（サーチナ　2013年5月1日）

このように、NYでの金売《きんう》り、金の売り崩し、暴落の仕掛けに対して、即座に中国政府と中国の小金持ち

たちが大きな買いで立ち向かった。

　もちろん中国人（の小金持ちたち）の他に、５月、６月はインドでの結婚式シーズンにぶつかって、インド人による金買いもあった。シンガポールでも金を買う行列ができた。香港では金地金《きんじがね》（５００グラムや１キロの延べ板。bar バー）が売り切れになっている。金の腕輪《ブレスレット》などの装飾品の在庫はある。しかし金の地金（ゴールド・インゴット）はお店の在庫が払底《ふってい》した。プレミアム価格が発生している。

　香港やシンガポールでは、プレミアム価格が１オンス（31グラム。１４５０ドルぐらい）に対して５から10米ドルである。中国本土では１オンスに対し、50ドルものプレミアムがついている。公表値段よりも50ドル余計に払わないと、店頭で金を売ってもらえないのだ。アメリカ、ヨーロッパでは、国民が金貨（コイン）に殺到した。そして、日本でもお年寄り（「タンス預金勢力」）による金の現物買いの殺到があった。


　P49で紹介した「安値の４４０８円で25キロの金《きん》（１億１０００万円分）を買った読者」を思い出してほしい。この女性は、私が書いた『お金で騙される人、騙されない人』（２０１０年、幻冬舎新書）も読んでいて、私の「注意しなさい。気をつけなさい。お金のことで騙されないように用心しなさい」を、つねに念頭に置いている人だ。自分が長年コツコツ貯めてきた銀行預金を、１日50万円ずつきちんとＡＴＭ（現金自動預け払い機）で下ろし続け、現金のかたちで押し入れにしまっていたという。

　そして「預金封鎖になって預金が下ろせなくなり、新札切り替えでお札が紙切れになる前に、金《きん》に換えよう。１グラム５０００円を割ったら金を買おう」と考えていたそうだ。そうしたら、素人の目にも４月16日に金《きん》の底値が見えたので、即座に行動に出たのである。引き下ろしておいた１億円を、まるごと金地金《きんじがね》に換えた。本当にこういう賢明な人が世の中にはいるのだ。

それに対して、金《きん》でも何でも金融バクチ（商品先《しょうひんさき》物取引《もの》）だと考えているプロの投資家たちほど、かえって4月16日の４４０８円（小売り）が底値だとは、怖くてなかなか判断ができなかった。急落、急騰相場のときほど、プロは怖気《おじけ》づいて買いを入れることができない。こういうときにこそ〝ビギナーズ・ラック〟の初心者の素人が大勝ちする。ビギナーには怖いもの知らずの大胆さがある。

この他にも名古屋の田中貴金属で、多くの客の列を読者が目撃したという。「札束を持ったお客」の、その現金は、銀行預金を下ろしたか、長年貯《た》めこんでいた「タンス預金」を引っぱり出してきたものだ。こういう肝心なところでの勇気ある金買《きんが》いが、大切な自分の個人資産を守り抜く、正しく賢い生き方だ。

その金《きん》が、あなたの将来を守る

日本国内の金《きん》価格は、為替（円・ドル相場）が円高になると安くなる。Ｐ44の図で示したとおりだ。金はＮＹで世界値段として決まるので、それを円に換算するからだ。それと、ＮＹの金《きん》の価格が下がったときには、日本でも値段が下がる。

円・ドルの為替は、今は1ドルが98円ぐらいだ。日本は当面は、これ以上の円安には急には向かえない。1ドルが１１０円を超えるのは、中国との軍事衝突のような危険が迫ったときだ。

今の円安は世界中から疑いの目で見られている。去年（２０１２年）1ドル80円だったのを１００円にまで20円つり下げた（円安にした）。これは日本政府によるお手盛りの相場操縦《そうばそうじゅう》である「円の切り下げ」政策だった。こんなことをしたので、「日本は世界を相手に通貨戦争《カレンシー・ウオー》を始める気か。自分だけ通貨安を勝手に仕掛ける気か」と叱られている。

国債（ナショナル・ボンド）を中心とする債券市場（ボンド・マーケット）での乱高下も激しい。債券市場で、ヘッジファンド（金融バクチ打ちたち）の高速ロボット・トレーディング（CTA《シーティーエイ》。コモディティ・トレイディング・アドヴァイザリーズと言う）が勝手に自動取引を大量に繰り返して暴走して、それで大きな金融システム破壊、大爆発、大暴落が、そのうち起きるだろう。

　だから近い将来、何が起きてもいいように、実物資産（タンジブル・アセット）の王様である金《きん》を今のうちからどんどん安値で買っておくべきだ。まだ一度も買ったことがない人は、１００グラム（現在、小売りで48万円ぐらい）でもいいから買いにゆきなさい。あるいは1オンス金貨（16万円）を何枚か、買えるだけ買いなさい。そしてそれらをすぐに売ったりしないで、自分の手元にずっと置いておきなさい。5年か10年でしょう。それが将来、ひと財産になって、あなたとあなたの子どもやお孫さんの生活を守ることになるでしょう。

　少しも動揺することなく、不安がることなく、着々と行動すべきだ。余裕資金のある人は、今のうちに預金を銀行からどんどん下ろして（預金を引き出して）、金《きん》に代表される安全な実物資産（タンジブル・アセット）に換えなさい。それが真に賢い生き方だ。

巻末付録

日本の主な「金《きん》ショップ」一覧

地金商

金ショップ名	所在地	電話番号
1 田中貴金属工業（直営販売店（GINZA TANAKA））	中央区銀座1-7-7（銀座本店）	0120-76-4143（購入と問い合わせの窓口）
	新宿区新宿3-33-10（新宿店）	
	横浜市中区元町1-29-3（横浜元町店）	
	仙台市青葉区一番町3-5-7（仙台店）	
	名古屋市中区大須4-1-70（名古屋店）	
	大阪市中央区心斎橋筋1-4-21（心斎橋店）	
	福岡市中央区天神2-7-12（福岡天神店）	
2 徳力本店	千代田区鍛冶町2-9-12（本社）	0120-438-191（購入専用の窓口）
	大阪市中央区南船場2-11-20（大阪店）	
	中巨摩郡昭和町清水新居100-4（甲府事業所）	
3 石福金属興業	千代田区内神田3-20-7（東京本社）	03-3252-3130
	名古屋市中村区名駅5-22-10（名古屋営業所）	052-563-1201
	大阪市西区西本町1-13-36（大阪営業所）	06-6532-1351
	北九州市小倉北区京町3-13-13（九州営業所）	093-531-9331

鉱山会社

金ショップ名	所在地	電話番号
4　三菱マテリアル（直営販売店 ゴールドショップ三菱）	千代田区丸の内3－3－1　新東京ビル1F（東京・丸の内店）	03－5252－5212
	仙台市青葉区一番町4－1－25　東二番丁スクエア12F（仙台店）	022－711－5751
	名古屋市中区丸の内3－20－17　中外東京海上ビル1F（名古屋店）	052－959－2811
	大阪市北区天満橋1－8－30　OAPタワー1F（大阪店）	06－6356－5014
	福岡市博多区中洲5－6－20　明治安田生命福岡ビル4F（福岡店）	092－272－3214
5　住友金属鉱山	港区新橋5－11－3（店頭販売はなし。以下のフリーダイヤルへ）	0120－277－992
6　ＪＸ日鉱日石金属	千代田区大手町2－6－3	0120－25－5610

銀行

金ショップ名	所在地	電話番号
7　三井住友銀行	千代田区丸の内1－1－2（本店営業部）	03－3282－1111
	千代田区丸の内1－1－2（東京営業部）	03－3282－5111
	名古屋市中区錦2－18－24（名古屋支店）	052－231－1115
	大阪市中央区北浜4－6－5（大阪本店営業部）	06－6227－2111
	神戸市中央区浪花町56（神戸営業部）	078－331－8101

リサイクル業者

金ショップ名	所在地	電話番号
8 松田産業	新宿区西新宿1-26-2　新宿野村ビル6F	03-3345-0960

商品先物業者

金ショップ名	所在地	電話番号
（東京）		
9 エース交易	渋谷区渋谷3-29-24　エースファーストビル	03-3406-4649
10 共和トラスト	中央区日本橋浜町2-60-6	03-5644-7311
11 クレディ・スイス証券	港区六本木1-6-1　泉ガーデンタワー	03-4550-9000
12 KOYO証券	中央区東日本橋2-13-2　光陽東日本橋ビル	03-5825-3731
13 サンワード貿易	新宿区下宮比町3-2	03-3260-0211
14 新日本商品	中央区銀座3-14-13	03-3543-8181
15 セントラル商事	中央区新川1-24-1	03-5542-8911
16 第一商品	渋谷区神泉町9-1	0120-431-561
17 ドットコモディティ	渋谷区恵比寿1-21-8　セラ51ビル6F	03-5447-3025
18 日産センチュリー証券	中央区日本橋蛎殻町1-38-11	03-5623-0023
19 ニューエッジ・ジャパン証券	港区赤坂1-12-32	03-4588-5000

20	フィリップ証券	中央区日本橋兜町4-2	03-3666-2101
21	フジトミ	中央区日本橋蛎殻町1-15-5	03-4589-5500
22	北辰物産	中央区日本橋茅場町1-9-2	03-3668-8111
23	豊商事	中央区日本橋蛎殻町1-16-12	03-3667-5211
	（東海）		
24	岡地	名古屋市中区栄3-7-29	03-3667-7511
	（近畿）		
25	アルフィックス	大阪市淀川区西中島1-15-2	06-6304-5071
26	岡藤商事	大阪市中央区本町3-2-11	03-3552-0211
27	岡安商事	大阪市中央区北浜2-3-8	06-6222-0001
28	コムテックス	大阪市西区阿波座1-10-14 大阪堂島商品取引所ビル2F	06-6543-2118

以上に掲げた「商品先物業者」は、東京商品取引所の商品取引員（受託会員）である。法人取引主体の業者も含まれているので、購入の際は事前に確認を要する（2013年5月現在）。商品先物業者から金を買う際の諸注意点については、本書第1章と『副島隆彦の今こそ金そして銀を買う』（2010年、祥伝社刊）を参照してください。なお名古屋市の岡地と大阪市の岡藤商事の問い合わせ先電話番号は東京になっています。

切りとり線

★読者のみなさまにお願い

この本をお読みになって、どんな感想をお持ちでしょうか。祥伝社のホームページから書評をお送りいただけたら、ありがたく存じます。今後の企画の参考にさせていただきます。また、次ページの原稿用紙を切り取り、左記編集部まで郵送していただいても結構です。

お寄せいただいた「１００字書評」は、ご了解のうえ新聞・雑誌などを通じて紹介させていただくこともあります。採用の場合は、特製図書カードを差しあげます。

なお、ご記入いただいたお名前、ご住所、ご連絡先等は、書評紹介の事前了解、謝礼のお届け以外の目的で利用することはありません。また、それらの情報を6カ月を超えて保管することもありません。

〒１０１―８７０１（お手紙は郵便番号だけで届きます）
祥伝社　書籍出版部　編集長　岡部康彦
電話０３（３２６５）１０８４
祥伝社ブックレビュー　http://www.shodensha.co.jp/bookreview/

◎本書の購買動機

＿＿＿＿新聞の広告を見て	＿＿＿＿＿誌の広告を見て	＿＿＿＿新聞の書評を見て	＿＿＿＿＿誌の書評を見て	書店で見かけて	知人のすすめで

◎今後、新刊情報等のパソコンメール配信を　　希望する　・　しない

◎Ｅメールアドレス　　※携帯電話のアドレスには対応しておりません

＠

100字書評

統制が始まる　急いで金を買いなさい

住所

名前

年齢

職業

統制《とうせい》が始《はじ》まる　急《いそ》いで金《きん》を買《か》いなさい

平成25年6月20日　初版第1刷発行
平成25年7月15日　　　第2刷発行

著　者　副《そえ》島《じま》隆《たか》彦《ひこ》
発行者　竹内和芳
発行所　祥《しょう》伝《でん》社《しゃ》
〒101-8701
東京都千代田区神田神保町3-3
☎03(3265)2081(販売部)
☎03(3265)1084(編集部)
☎03(3265)3622(業務部)

印　刷　堀内印刷
製　本　ナショナル製本

ISBN978-4-396-61459-1 C0033
Printed in Japan
祥伝社のホームページ・http://www.shodensha.co.jp/

2012年刊

ぶり返す世界恐慌と軍事衝突

Return to War Economy & Military Collisions

副島隆彦

大災害の次に金融恐慌、そして戦争が80年周期で襲う。
私たちはこの人類史の法則から逃げられない！

祥伝社